「いい人」は成功者になれない！

里中李生

JN238515

三笠書房

はじめに

男が成功するためにすべき、たった一つのこと

控えめでおとなしい男、自分を主張しない男、頼まれると断れない男、敵をつくらない男、庶民的で平凡な男……政治的には左寄りな男も、「いい人」だろう。

はっきり言うが、「いい人」は、成功者になれない。

「いい人」は、つまらない男の代名詞であり、仕事ができない男の典型例だからだ。

男が「いい人」でいることは、まるで「出世拒否」をしているようなものだ。

しかし、今の時代、そんな男でさえ、女と付き合い、結婚することが出来る。

ゆとり世代の若い女性から見ると、「いい人」な男は、弱いけれど優しく見えて、貧乏だけれど安定しているように見えて、甲斐性はないけれど浮気もしないように見えるようだ。日本では今、深刻な「デフレ」のため、物の価値が下落しているが、男の価値も下落していて、それを若い女性たちは「普通」だと思っている。

しかし、男性諸君に言いたい。

「それでいいのか」と。

男が「いい人」であってはいけないのだ。

なぜか？

「男」だからだ。

文句など言わせない。

「いい人」に、何の魅力があるのだろうか。

たとえば、岡本太郎のような男。画家として超一流の成功者なのはもちろんだが、恋愛に関しても破天荒だった。もちろん、岡本太郎が「いい人」であるわけがなく、一般人でも、私が、「この男は面白そうだ」と思うのは決まって〝変人〟や〝過激な人間〟だ。間違っても、「いい人」に甘んじている、平々凡々な男には惹かれない。

平凡な「いい人」の周りには、同じように平凡な「いい人」しか集まらない。

あなたはどうか。あなたは本書を手に取ったのだから、まだ成功者ではないだろう。

だが、周りにも成功している男や出世街道を驀進している男の友人や知り合いがいな

いようでは、八方塞がりだ。
ではどうすればいいのか。
「いい人」をやめることだ。
もっと「自分」を主張し、強気に、大胆に生きることだ。
安易に周りに流されず、自分の流儀を貫くことだ。

私のことを知っている読者であればわかってもらえると思うが、私は一切、「いい人」を主張したりしない。嫌われようが、憎まれようが、自分の考えや意見を堂々と主張する。それゆえにアンチも多い。

しかし、私には、「里中李生って面白い。ファンになろう」という読者がそれ以上にいる。本はロングセラーで売れ続けている。控えめに言って、十年で累計二百万部だ。私はテレビに出ている有名人ではない。それがよくここまで成功したなと思う。自分でも驚くほどだが、ただ私は、夢をあきらめず、才能を磨く努力をひたすら続けてきた。

「十年頑張れば成功する」

成功者は誰でもそれを知っている。

頑張るとは、ただ単に食べていくための努力をすることではない。自分の才能を徹底的に磨くことだ。自分にしか言えない言葉や、自分にしかできない生き方を確立していくことだ。

あなたはきっと、私よりも若いだろう。

だから十年、一つのことを頑張ってみてほしい。

きっと成功できる。

そのためにも、まずは「いい人」をやめること。そして、「自分のための人生」をスタートしなければならない。

日本は、ギリシャほどのピンチには陥っていない。不況もたいしたことではない。

あなたたちの十年後は明るいと、私は信じている。

里中李生

目次

1章

「いい人」をやめれば、男は絶対変わる！

◎「ものわかりのいい人間」になんてなるな

2章

女にもてる男、一目置かれる男のルール

◎「頼る男」「同情される男」に魅力なし

3章

8勝7敗――最後に勝つまであきらめるな

◎「タフな男」になるための考え方

4章

何を守り、何を捨てるか——成功者の条件

◎自分を信じて、後悔しない生き方を

本文DTP／株式会社Sun Fuerza

1章

「いい人」をやめれば、男は絶対変わる！

◎「ものわかりのいい人間」になんてなるな

伸びる男は、強烈な「自己」がある

対する人間が一流か三流か。

これは大きな問題だ。

若いうちは、お金持ちは皆一流だと勘違いしがちで、お金のある人に萎縮し、付いていってしまう場合が多い。無論、お金持ちには一流が多いが、必ずしもそうではないことは、人間、ちょっと齢を重ねればわかってくる。だが、若いうちはそうはいかない。目の前で、札束を見せられたら、自分に財力がない現実に打ちのめされ、金を持っている男にひれ伏してしまう。

一流の人間とは、自分の仕事を極めている人間のことを言うのだ。

どんなに金持ちでも、仕事は親から引き継いだ会社では仕事の土台を知らないし、あるいは、出世スゴロクのようにエリート街道を上がってきて、なんの信念もないような男では牽引力もない。

若いうちは、対する人間がベンツのような高級車から降りてきただけでも、その男にビビってしまうが、車も身形（みなり）も高級なら一流というわけではない。むしろ、金持ち定番の車や装飾品を身に着けている男の方が疑わしい。彼らは、「俺は金持ちなんだよ」と言いながら歩いているのである。そんな男は一流ではない。

一流の人間は、仕事にこだわりと誇りを持ち、車や洋服にもこだわりがある。例えば、イチローがいい例だ。

あれほど、バッティングにこだわりを持っている男はそうそういない。食事にも睡眠にも人一倍、いや何十倍と気を遣って仕事に備えている。車は日産が好きで、金持ちの定番であるベンツを乗り回しているわけではない。

イチローは世界一の一流人間だが、あなたの傍にも小さなイチローがいるはずだ。

ものすごいお金持ちではないが、あなたよりはお金を持っている。

仕事と趣味に集中力があり、特に仕事をしている姿は奇怪なほど真剣。

食事にこだわりがあり、一緒に食事がしにくい。

車もベンツを買えるお金があるのに、変わったスポーツカーや国産車に乗っている。

洋服もアルマーニでビシッと決めているわけではなく、だけど身に付いている。等だ。

そういう男を一つの言葉で表現すると、

「頑固」

と言う。

仕事も出来ない上に、金もない男の頑固は惨めというかカッコ悪いが、仕事が出来る男の頑固は、相手を畏怖させる迫力がある。

昔、金持ちのボンボン同士のこんな会話を聞いたことがある。

「おまえも会社の社長になったんだから、車はベンツにしろよ」

「そうだな。そうするよ」

この会話に、一流の息遣いが聞こえてくるだろうか。

断っておくが、メルセデスベンツの悪口を言っているのではない。信念がない、と言っているのだ。もっと、頑固に、

「いや、俺はまだ親父の会社を引き継いだだけだし、今乗ってる車が好きなんだ」

と言って欲しいものだ。

言わないのだ。三流の男はそういう台詞が言えないのだ。

三流の男には、「自己」がない。

どんなに金持ちでも、相手に流されている。世間に流されている。今で言うB層みたいなものだ。

一方、頑固な金持ちや仕事人には「自己」がある。

それを見抜けばいい。

そして、一流の人間に出会ったら、その人に付いていくのだ。そんなチャンスは滅多にないのだから。

「出世する男」の共通点

目に見えないものの力を信じない人は、三流のまま終わる。

魂とか空気とかオーラとか、そういうものの力だ。

目に見えるものだけが、人間のすべてなら、わかりやすく短絡的な価値判断ばかりが横行して、それに疑問を持ち、考える能力を著しく害う。

「この人は真面目に生きているし、才能だってありそうなのに、なぜ、出世しないいんだろう」

と、誰かを見ていて、思ったことはないだろうか。

その人は、「出世できない空間」にいるのだ。

あるいは、出世を妨げている人間と付き合っているのである。

「バカの空間」というものがある。別の章でも述べるが、三流のファミリーレストランがそうだ。

先日もあるファミレスでお茶を飲んでいたら、私の後ろの席のＮＴＴの人が、何やら商談をしていた。よく聞こえなかったが、携帯電話を会社でまとめて買う話だったようだ。

私と友人は、ただ、お茶をしていただけ。近隣のホテルに行きたかったが、友人が庶民派なので、私が気を遣った。そのファミレスには、子供連れの若いお母さんが友達と来ていて、子供はぎゃあぎゃあ騒いでいて、とてもうるさかった。で、私たちは競馬の他愛のない話をしている。きっと他の客もそうだろう。ファミレスで、妻と別れ話をする男もいないはずだ。つまり、ファミレスとはバカの空間で、そんな空気が漂っている中で商談をしているようでは、その仕事は成功しないのだ。それがわかるか、わからないかが人生の勝ち負けのわかれ目になる。

人付き合いにおいても同様なことが言える。

一緒にいて運気が下がる人間とは、三流の空気を漂わせている人間のことである。一流の人間がある種のオーラを放っていて、相手を畏敬させるように、三流の人間は、相手をダメにしてしまう空気を発散している。

建設的な話は何一つしない。食べ物は食い散らかす。背広にはフケが付いている。腹は大きく膨らんでいて、スポーツをしている様子はない。金持ちにコバンザメのようにくっついている。本は読まない。または読むが、同じジャンルや著者ばかりをずっと読んでいる。

お金がある程度あるのに、妙にケチ。だけど、風俗には行く。環境問題や世界の情勢に耳を傾けない。成功者を嫌う。等々。

三流の人間には、あきらかにバカだとわかる様子が窺える。そして彼らは、その〝空気〟をあなたに吹き付けてくるのだ。それがあなたの勝負運、いや、人生の運気を下げていってしまうのである。

女が玉の輿に乗るのは、運が良かったわけだが、それは相手の男の幸運に乗っかったのであって、まさしく、人間は相手次第という結論に達する。

あなたは、三流の空間にいるのではないか。

いつも、昼食はおばさんがうるさいファミレス。職場は、「セクハラ」が口癖のOLばかりで、上司もOLに歯向かえない。親は、貯金をしろとうるさくて、妙にケチ。しかもその親と同居している。付き合っている彼女は打算的な女で、あなたに勝負を勧めない。「ずっと安定した今の会社にいてね」と言う。

これらの空間で生きているあなたは決して出世しないし、勝負に出ても勝てない。

私は昔、競馬のプロだったが、勝負する時は、指定席を取り、馬主席の近くのレストランでじっと食事をしながらメインレースが来るのを待っていた。バカのいないところにいるのだ。競馬でいうバカとは、朝から床で寝ながら馬券を買い、自分がどの馬を買ったのかわからないくらい叫んで、新聞を投げている連中である。そんなバカな空間で、何十万円もの勝負をしても勝てないのだ。彼らバカが、私の運を下げてしまうからだ。

冒頭でも言ったが、こんな目に見えない力を軽視している人間は、どうにもならないくらい、周囲が見えていなくて浅はかである。

相手の「嘘」など気にしてはならない

自分が完璧だと思っている人ほど、相手の嘘や器の小ささに嫌気がさすものだが、人間は完璧な人なんかいなくて、どんなに大きな器に見える人でも、誰かに嘘くらいは言っているものなのである。誰にも嘘を言ってないという人は、たぶん、人と接している機会が少ないのでしょう。多くの人と会い、いろんな話をしていたら、人間追い込まれることもあり、そんな時に嘘をつかなければいけなくなる場合もある。と言えば、あなたにもそんな経験があり、私の言っていることがなんとなくわかると思う。

だから、相手の嘘なんか気にしたらいけないのだ。その人は、沢山の人と会っているうちに疲れてしまい、あなたと喋っている時にはもう自分を見失っていたのだ。

あきらかに、自分に害をもたらす嘘なら問題だが、見栄を張っているだけとか、取り繕っているだけなら、かわいいものだと思わないといけない。

なんだか道徳的で、「里中もたまにはいいこと言うな」という感じだ。というのも、私が嘘つきだからである。

正確には、物事を誇張して言う癖があるのだ。

誹謗中傷のメールが二通来たとする。それを読んで気分が悪くなったら、酒の席にアシスタントを呼んで、「中傷メールが殺到してる。なんとかしてくれ」と言うのだ。二通が「殺到」に変わるのだから、アシスタントもたまったものじゃない。それでもアシスタントは、「これでこの先生はすっきりするだろうから、とりあえず言わせておこう」と余裕をかましているのである。

人間関係はこうじゃないと長続きしないのだ。

相手が小さくても、あなたには何の危害も与えない。

利害関係が生じる金銭問題などに関われば器の小さな人間は、あなたにも苦痛を与えるだろうが、言うことが男らしくないとか、金の使い方がちまちましているとか、そんなことでいちいち腹を立てていたら損である。もっとも、前に言ったように、まるで「バカ」なら話は違ってくるが、

「こいつはこういう男だけど、犯罪を犯すわけでもないし、無害なんだからほってお

こう」

と思えば気楽なものだ。

私の友人にもいる。言うことが一貫していなくて、出世する気配がない男が。大物感はなく、女とうまくやっている様子もない。

だけど、彼は無害で、一生懸命生きている。人に迷惑はかけていない。

そして、彼を見ていて思うのだ。

「この男は器が小さいけど、俺だって大したことはない。お互い様じゃないか」

と。彼だって、私を見てイライラしているかもしれないのに、私と付き合ってくれているのである。

あなたから見て、小物でも嘘つきでも、一生懸命生きているなら、その人と縁を切ったらいけない。そんなことで、いちいち友人を切っていたら、あなたは孤独な老人になってしまう。成功の邪魔をする友人は不要だが、無害な友人なら付き合っていていいのである。相手もあなたを見て、あなたに対して寛大なことを忘れてはいけない。

無理をしてでも「一流」にふれろ

勝負に出るタイミングは、自分が一流に近づいた気分になった時だ。後にも書くが、三流の食事をして、三流の服を着て、三流のテンションでいては、絶対に成功しない。

貧乏でもせこい生き方はしてはいけない。ケチではいけないのだ。金持ちが定番ベンツに乗るのは自己がないが、貧乏人が軽でもいかんのだ。長く使えるものは、高価なものを買う。

将棋に強くなりたければ、高価な将棋盤と駒を買う。これは、故・大山康晴名人が言っていた言葉だ。まったく、その通りである。

カメラに上達したければ、最高級のカメラを買う。営業で失敗したくなければ、ブランド物のスーツを買う。無理をしてでも買うのだ。

そうして、常に自分は「三流ではない」と気持ちを高揚させていないといけない。私の知り合いで、七〇〇万円するＢＭＷを購入した男がいた。かなり無理をしたらしいが、見直してしまった。仕事も出来るし、言葉もしっかりしている。彼は一流に近づいたと思っている。

人間は、自らが、「貧乏だから」と、三流のものばかりを買い漁っていては、一生貧乏から抜け出せない。銀行の通帳がマイナスになってもいいから、洋服くらいは見栄えのするやつにした方がいい。なお、ここで言う「貧乏」とは、年収が三〇〇万円くらいの男のことで、それ以下の人は本も買えないだろうから、ここでは語らない。

ものをケチってお金を貯めて、それである程度貯金が出来たら、その人は成功者なのか。話にならないくらい三流だ。そのケチっている間の惨めな姿は、周りにも不快感を与えていたはずだ。そういう、プライドを捨てた人生を歩む方法を私は認めないのである。

あなたのことは周囲の人間が見ている。絶対に見ているのだ。

どんな服装か。いい靴をはいているか。車は何に乗っているのか。食事の食べ方はどうか。体は鍛えているか。

勝負をかけた時、あなたが三流だと、相手は白ける。あなたを認めない。

私は、将棋の大山先生から、「将棋に強くなりたければ、高価な将棋盤と駒を買う」という話を聞き（本で）、中学生の時にもう一流になる方法に目覚めていた。二十歳の時に一人暮らしを始めてからも、ずっと無理をしてきた。特に食べ物に関しては、マクドナルドを避け、いい食材を仕入れている店の定食を食べていた。それから、ちょっとお金が入るようになってからは、車をBMWにして（ローン）、人に見られる部分はブランド物。カメラは仕事でもあったから、もちろん一番いいもの。本が売れるようになるまで少々借金があったが、身なりもきちんとしていたものだ。

先日、この話を友人にした。彼は、高いジーンズが欲しいと言っていたから、買うように勧めた。

十万円するジーンズを履いているだけで気分は高揚する。そのモチベーションは仕事にも恋愛にも生かせる。自分に自信が出て、好結果を生むのである。

「いい人」を演じて自分を犠牲にするな

人に頼られると自信が出るもので、特に、頼ってくる相手がそれほど年齢が離れていなければ、あなたを尊敬していると思っていいだろう。

頼っている部分が金銭的な面でも行動力や精神面でもなんでもいい。

あなたが誰かに頼られているなら、それを自信にして、もっともっと上昇していくといい。

さて、前もって言っておくが、次のような男には頼られても無視するべきだ。それは、何も出来ない男である。

あなたにすべてを依存し、一人では何も出来ない子供、あるいはヤクザの子分みたいな男である。毎日のようにあなたにくっついて歩き、主体性がなく、お金も持っていないような男は、あなたを頼っているのかもしれないが、ようは誰でもいいのだ。

自分よりも行動力があり、お金があり、地位が高い人なら誰でもよく、たまたま、あなたと知り合ったからあなたの近くにいるだけで、別にもっと条件が揃う男がいたら、そっちに行ってしまうだろう。

あなたが、頼ってきている男を切り捨てなければいけない時は、あなたに自信がなくなった時だ。

一人前だったあなたが、男として、人間として、そして社会人として、半人前になってしまった時、だけど、そのことに相手が気づかなかった時は、プライドを捨て、頼ってきている男を切り捨てないといけない。そして、また出直すのだ。

幸い私はまだ仕事が順調で、頼ってきている人たちを大らかに受け止めている。大金を貸して助けたこともあるし、親交の深いファンからもよく相談を受ける。年老いた親からも頼られているだろう。

数年前に、仕事が下降気味になった時はずいぶん悩んだ。

アシスタントを辞めさせて、自分一人でやり直そうかと思ったし、撮影の仕事も控えるようにした。ちょうどその頃に、友人が会社をリストラされて、「里中さん、出版関係の仕事を紹介してよ。今度は俺が助けてもらう番だよ」と頼まれたが、運が悪いと言うか、その時の私も仕事の調子が悪かった。だから、「無理だ」と言った。カッコつければ、仕事を紹介できたが、自分の仕事が上手くいってない時に、そんな余裕は見せられないと思った。「紹介が可能なら、無理をしてでも紹介してあげるのが良心じゃないか」と思った読者もいるだろう。

しかし、私は、自分の身を犠牲にして、人に優しくする、という話が好きではない。

ボランティア的な行為を友人にするのも嫌いだ。

頼ってきた人は、頼った相手が自分よりも余裕があると判断して、頼ってくるのだと思っている。だから、私が時間を割き、頑張って彼に出版関係の仕事を紹介して、なのに、私が出版業界から干されてしまっては、彼は喜ばないというか光らない。

人間は、光っている人が、陰った人を助けて、両者とも光ることが大切だと思っている。

最後の光を振り絞って、誰かを助けても、助けられた人は喜ばない。駅のホームから転落した人を助けようとして、自分が死んでしまう人が時々いる。助けられた人は複雑だろう。駅のホームでは、ホームから落ちた人もそれを助けようとホームから飛び降りた人も、一緒に助からないといけないのだ。そうすれば、二人とも光る。だが、助けようとした人が死んでしまっては、二人とも光らない。

例えば、ある人が仕事で失敗し、借金を作った。

見兼ねた親が、借金の返済のために、僅かに残っていた財産をすべて使って、そして疲れて死んでしまった。その人は親の最後の光で廃業は免れたが、果たしてその後、輝くだろうか。親が健在で、一緒に笑っていれば光り輝くと思う。だが、無理をして、助けてくれた人が死んだら、助けられた人は悲しみ、罪悪感にとらわれる。

私が仕事が下降気味の時に、頼ってきた友人を切ったのは、私自身が陰りが出ていて、廃業のピンチだったからだ。そんな私に救われても、彼は輝かないと思ったのだ。

人の世話をするのは、自分に余裕と自信がある時だけ。絶対に、カッコつけたり、無理をしてはいけない。

「弱い男ほど裏切りにあう」法則

信頼している気持ちはとかく一方通行で、あなたが思っているほど、相手はあなたの方を見ていない場合がある。

「裏切られた」

と思い、ショックを受けるものだが、よく考えてみるとわかる。

こっちが一方的に信頼していただけだと。

相手は、頼ってくるあなたに疲れていたかもしれないし、勘違いされていると思っていたかもしれない。

信頼する気持ちが行き来していれば、「裏切り」は起こらないのだから。

そして、世間にある裏切り行為には、大半、お金（生活）が絡んでいる。裏切られた方がお金に困り、「裏切られた」と叫ぶが、裏切った方は生活上、困ることはなく、裏切ったつもりもない、というパターンである。

ロックバンドの解散問題がそうだ。バンドの中心人物は、解散してもなんら不利益はない。むしろ、ソロになった方が実入りがよくなる。だから、「解散したい」と当たり前のように言う。ところが、ドラムを叩いていただけの男やギターを弾いていただけで作曲もしていなかった男には死活問題。お先真っ暗である。そこで、「裏切られた」と喚くのだ。しかし、作詞作曲もし、ボーカルもとっているバンドの中心人物は、大の大人を何人も一生食わせていく義務なんかない。私に言わせれば、捨てられた方が敗者なだけで、実力のある男、金のある男は、人を裏切っているのではなく、弱肉強食主義なのだ。それは、競争社会においての当然の行為なのである。

あなたは、「裏切られた」と思いつめる前に、自分の立場を考えないといけない。自分が弱かっただけだったなら、これから這い上がっていくのだ。私だってそうだ。金もキャリアも人脈もない弱者だった。だから、利害関係だけで周囲の人間なんかコロコロ変わっていた。そこから這い上がってきて、人間関係が落ち着くのに十年かかった。

そもそも「裏切り」なんて非情なことはそうそうあるものではない。

友人が、あなたと縁を切り、別の友人に悪口を言っていたり、恋愛において浮気をしたり、その程度の話はごまんとあり、それを「裏切り」と思ってはいけない。そんなことで「裏切られた」と泣いているのは子供だ。

裏切りとは犯罪的なこと、あるいは、あくどい計画性があり、突然、あなたを陥れることである。

私にも経験がある。

ある会社社長にとても優しくしてもらっていた。私が将来有望だと思ったのか、高級料理を奢ってくれたり、家族ぐるみの付き合いもさせてもらっていた。ところが、その会社にヤクザが絡んでいることがわかり、私は事情を説明するように、その社長に求めた。それから態度が一変。いつの間にか、その会社の経費を私が盗んだことになっていたり、東京湾に沈めると脅迫されたり、大変なことになった。

もし、そんな裏切りにあった場合は闘うべきだ。

私は必死に闘った。

弁護士に相談するのだ。

別の章でも書くが、男はお金を持っていないといけない。トラブルが起きた時のための貯金である。

裏切る人間は、あなたを見ている。あなたが、貧乏で力のない男だとわかっていて、裏切るのである。金があり、人脈に富み、精神が強靭に見える男を裏切ろうとはしないものだ。反対にやられてしまうと恐れるのである。

当時の私は、財力がなかった。

だから、簡単に裏切られたし、脅された。

強い男は裏切られないのだ。

「裏切られた」と泣いてないで、「裏切られないような強い男になる」ことこそが、今するべきことなのだ。

男なら、「やられたら必ずやりかえせ」

誰かに誹謗中傷をされることほど、損なことはない。

それに対して、反発、反論すると、

「これこれ、そんな大人気ないことはやめて、無視していなさい」

と、善人面した人間から説教をされ、こちらがまるで出来の悪い人間にされてしまう。結局、人を中傷する人間の方が圧倒的に勝利を収めてしまうのが、この国の常識になってしまっている。

まず、私事で話をさせてもらうと、競馬の本を出して以来、ずっとネット上で誹謗中傷をされている。

しかし、私は、「泣き寝入り」が嫌いで、何度か奴らと戦った。ところが、戦うと、前述したような第三者が私を説教するのである。

「里中さんは有名人なのだから、そんな大人気ない喧嘩はやめて、彼らはほっておきなさい」

と。

しかも、それを掲示板に書かれるものだから、私がまるで子供っぽい喧嘩好きな人間だと、多くの人に思われてしまうのだ。

しかし、私に対する誹謗中傷は、まったく身に覚えのないものではない。

私の場合、女性騎手写真集を出して、その直後に、その女性騎手が引退したことから、それを私のせいだと思っている競馬ファンがいること。私のファンクラブに入って、競馬の勉強をしたのに、競馬で負けて、それを逆恨みしている人間がいること。

……と、原因ははっきりしている(競馬の仕事は今はしていない)。

あなたも、誰かに悪口を言われたら、自分が何をしてきたのか振り返った方がいい。

火のないところに煙は立たない、と言うように原因はある。

そして、原因が分かったら、泣き寝入りはせずに「闘え」というのが私の持論だ。

我慢して無視することが、人間の偉い姿勢だと世間は言っている。怒ってはいけないと、偉い人たちは唱える。

しかし、それでは悪人をのさばらせておくだけである。また、似たようなことがあったら、奴らは中傷の的を見つけ、弱者（反発しない者）を攻撃するだろう。

私は誹謗中傷を受けてきたが、実は最近減ってきた。闘ったからだ。弁護士にも相談したし、カード会社に協力してもらった。掲示板に書き込みがあれば、その喧嘩を買った。そして有無を言わせない喧嘩言葉で、一部の奴らを撃退した。

「里中さんは、彼らに中傷されていても我慢していて偉いですね」

なんて、言われるのはまっぴらごめんなのである。

そんな状態では、仕事に取り掛かれない。敵をやっつけなければ勝負も何も出来ないのだ。

暴力はいけないが戦争はしていい、という矛盾した世界で、こうした些細な喧嘩も、どうすればいいのか曖昧になって、見過ごされている。

私は、

「男ならやられたらやり返せ。本当の正義は偽善者には語れない」

と声を大にして言いたい。

あなたが身に覚えのない誹謗中傷を受けたら、その原因をまず探り、誹謗中傷をする人間を見つけ出し、そして闘う。

泣き寝入りなんか、ちっとも偉くないし、なんのメリットもない。ずっと、その悔しさを記憶したまま、ストレスの多い人生を送り続けなければならないのである。

「運」を味方につけるための条件

人間は必ずしも平等ではない、というわりと悲しい話である。

大成功する人間は、あなたよりも才能があるわけではなく、特別な運に恵まれている場合も多い。

皆さんは、あまり目に見えないものは信じないと思う。霊とか運命とか、そういうものだ。

私も信じない方だが、それでは何億円かの宝くじが当たる人とそうじゃない人との違いなど説明出来ない。そういうことが世の中には沢山あるのだ。

成功もその一つだ。

あきらかに才能があるのに、四十歳まで開花しない作家もいれば、十代で芥川賞を貰う女の子もいる。それは運なのだ。

大傑作を書いたのに、最初にそれを読んだのがバイトの男の子で、しかもその年の新人賞は女流作家にあげようと決めていたところに、自分の最高傑作を応募してしまった男は、かなり運が悪い。

一方、芥川賞が不人気になって、本の売り上げも落ちていたため、若い女の子に賞をあげたいと思っていたとしよう。まあ、そんなことはないと思うが、出版社も商売なので、話題作りはしたいと思うものだ。そんな時に、たまたま、才能のある女の子が応募してきた。それで一発当選。大型新人誕生である。その女の子は幸運の持ち主なのだ。

それをいちいち妬んでいては、人生やっていけないのである。

私は一度だけ、作家の先生に、「作家になるため」の講義を受けたことがある。その先生は、黒板に大きく、「運」と書いて、

「才能よりも運。作家になれない人は運がないだけだ」

と言い切った。聞いていた生徒たちがうなだれていたのを覚えている。

世の中、不公平としか言いようがないが、「最初」は、実力はあまり関係ないのだ。最初は運。後から実力が必要になってくるのが常識だと思ってもらいたい。

あなたが、目指している職業に就くために必要なのは、運なのである。そして、運が良ければその職に就けるが、実力、才能がなければ、就いただけで後が続かず、人に迷惑をかけるだけで終わってしまう。実力、才能があれば、その職業の世界で一流の成功者になれるだろう。

芥川賞を早くに取って、その後も売れている作家は、運と実力を備えた人間で、最初の一発で終わっている人間は、運だけだったわけだ。だから、突然脚光を浴び、騒がれている人間を羨むのは後でいい。一年後、二年後も活躍していたら、「すごいな。俺よりも才能があるんだ」と観念しても悪くない。あなたが世界一優れた人間のわけはなく、あなたよりも偉い人は沢山いるのだ。「自分は世界の千番目くらい」でも、十分すごい人物なのだから、そんな気持ちでいて欲しい。

よくないのは、突然脚光を浴びて、出てきた人間をその時に、「いいなあ。俺もあんなふうになりたい」と羨むことである。幸運にいちいち反応していては体がもたない。世の中、運に恵まれている人は沢山いるが、大半は運だけで、才能がなく、すぐにいなくなってしまう。芸能界を見ればわかるだろう。

私も若い頃は、新人賞に応募しては落選してばかりで、「運も才能もない」と自虐的になっていた。まあ、私の場合、小説は下手くそだから仕方ないとしても、文芸賞に片っ端から応募しても、何一つとして予選すら通らなかった。小説ではなく、エッセイも詩も論文も。大ヒットした『「かわいい女」63のルール』（王様文庫）のほんの二年前の話である。文章なんか何も変わってない。

私の話では説得力がないなら、作家の浅田次郎さんの自伝エッセイを読むといい。あの人も、あんなに才能があるのに、新人賞に応募してもまったく通らなかったのだ。『鉄道員』で直木賞を取ったのが、四十六歳の時である。私が今、四十七歳で、ベストセラー連発だが、才能開花が遅かったわけだ。

そういう人の方が多いのだ。若くして大成功している人間なんか少数派で、世界の大富豪を相手に喧嘩を売っても勝てないように、運と実力と両方に恵まれた人間を嫉妬しても時間の無駄、いろんな意味で徒労である。

そして、最後に一つだけ言うと、あなたも幸運を持っているのである。

それがたまたま仕事以外の幸運で、あなたが気づいていないだけなのだ。

こんなことを言うと、身も蓋もないが、日本という治安のいい国に生まれてきたのが、まず幸運だということ。健康であればなお幸運。恋人もいれば、もう文句なんか言えないのだ。それ以上の幸運を掴みたくて、そんな幸運を掴んだ人を羨むのは贅沢というもので、そういう気持ちは、若いうちにはわからないものだ。

最後になって、「なんだ。里中も年寄りと言うことが同じか」と思っただろう。私はまだ、年寄りではないが、若い頃に持病に苦しみながら、新人賞に応募してはダメで、あなたと一緒で成功している人たちを妬んでいた。だけど、三十歳を過ぎて、病気も快復し、仕事もある生活を送っていると、「生きているのが幸運だな」と思うようになるのだ。

ある編集者から、「ライバルの作家は誰ですか」と聞かれた時に、「そんな人、いませんよ」と答えた。私よりも成功している作家は沢山いるが、他人なんかどうでもよくなるものだ。私は、私の出来る限りのことを精一杯してきた結果が、今の生活だからだ。他人と自分を秤にかけられないのである。

あなたが、今、一生懸命頑張っていれば、たとえ成功しなくても、他人なんかどうでもよくなる。今、一生懸命頑張っていれば……。

負けたくないなら実力をつけるしかない

引きこもりじゃない限り、人間は誰かと接している。だが、悲しいことに、世の中には、横暴な人間、自分勝手な人間、マナーを守らない人間、無神経な人間が沢山いる。

善悪で言うと、善は圧倒的に少数で、気配り/無神経で言うと、気配りをする人間の方が遥かに少ない。

子供の頃からの教育で、人間をランク付けするから、「あの子よりも劣っている」と宣告された子供は劣等感を持ったまま生きていく。その劣等感のストレスを自分よりも劣っている相手にぶつける。それが、暴力などに発展する。中流意識の人間は下流の人間を軽蔑し、下流の人間はもっと下流の人間を探している。無論、そうじゃない人間もいるが、そういう人間が多い事実は犯罪の増加を見ても否定できない。

この話は、中流の人間、下流の人間を差別した話ではない。暴力的な犯罪の多くは、そこから発生していると言っているだけである。上流（金持ち）の犯罪は、金に絡んだものばかりで、殺人などではない。

あなたが今、目標の途中なら、あなたは成功者でもなければ、上流の人間でもない。仕事が安定していなければ、ひょっとすると下流の意識を持っているかもしれないし、周囲から見ても半人前の人間かもしれない。すると、あなたは攻撃される。劣等感を持っている中流意識の人間に攻撃されるのだ。

学生時代、真ん中くらいの成績で、常に上位クラスの同級生に劣等感を持っていた子が、社会に出ても特に成功せず、凡庸な感じの会社勤めをしていたら、出世街道を歩んでいる友人に劣等感を持っている。その男が、他に秀でた部分もなく、例えば、美女を仕留めて威信効果を発揮しているわけでもなければ、ストレスも溜まっていよう。「普通。平凡」の烙印を押されているわけだ。まあ、実際、凡庸なのだからそれで我慢して欲しいところだが、凡庸だが変なプライドを持っている人間はそうはいかない。苛立っていて怒っている。彼らのそのストレスは、自分よりも劣っているであろう下流の人間に向けられる。言葉の暴力はもちろん、嫌がらせ、中傷。最悪の場合、犯罪にも発展する。

これは、社会の常識だと思った方がいい。

ネットの掲示板を見ていたらわかる。女性アイドルが何か騒動を起こした時に、ネットの掲示板は、彼女をまるで殺人犯扱いする書き込みで溢れる。普段から劣等感を持っている中流以下の人間たちが、自分よりも劣っていると判断した有名人を攻撃するのである。その有名人が謝罪をした上で活動自粛にでもなれば、あきらかに社会の中の弱者に転落したと判断する。そうなれば奴らの格好の餌食。自分よりも社会的に弱い人間、転落した人間は攻撃、虐めの対象なのである。相手は誰でもいいのだ。

子供を殺す殺人者は、下流の意識が強く、劣等感の塊で、だから、自分よりも劣っているように見える弱い子供を狙うのである。

もちろん、あなたの場合は違う。あなたが目標の途中なら、あなたは下流の意識があっても犯罪は犯さない。あなたの社会的地位は下流でも、あなたのスピリットは気高い。それは素晴らしいことなのだが、実はそこが落とし穴でもある。

そのプライドを貶められると、激しく傷つくのだ。あるいは、発狂するほど怒る。

「自分は下流階級の人間じゃない。負け犬でもない。夢があって、闘っているんだ」

と自分を信じて生きているのに、相手から、「おまえは下流の人間。負け犬」という攻撃を受けるわけだ。すると、その人間に対する殺意が生まれる。自分を否定されたのだから、相手を殺すしか、自分の存在理由がなくなるのだ。

だが、あなたは夢がある男で、虫も殺せない優しい人間。殺意は生まれても、それをぐっと我慢して、家に帰り、布団の中で泣くだろう。

頑張れ。

負けるな。

奴らこそ、夢も目標もない負け犬なんだ。あなたを中傷している奴らの方が人間として負けているのだ。

逆に奴らを殴ったり、殺したりしたら、あなたが負け犬になってしまうのだ。

私が作家になろうと頑張っている時に、こんなことがあった。

私のアパートの前に住んでいる普通っぽい男が、私の車の停め方に因縁を付けてきたのだ。奴らはこんな相談をしていたらしい。

「家の前に、フリーターの貧乏男が車を停めてるから、因縁付けて、袋叩きにしようぜ」と。これこそが、劣等感を持つ中流意識の人間が、下流に見える人間に対して無意識に行う典型的な犯罪のパターンなのである。

積もり積もった劣等感はもはや歯止めが利かず、無意識のうちに攻撃できる相手を探している。自分をランク付けした社会が憎くて常に軽犯罪を犯している。車で暴走したり、女を騙して捨てたり、酒に酔って絡んだりしている。私に因縁を付けてきたのも、彼らにとっては、「下流の人間を見つけた。また喧嘩をしようぜ」というものの感覚なのだろう。

私が安アパートの人間ではなく、高級住宅の人間だったら、こんな話にはならない。実際に今、三階建ての家に住んでいるが、このような嫌がらせはまったくない。彼らは、今の時代では勝ち組になるかもしれない中流意識の人間だが、上流に対する劣等感があり、退屈な毎日に苛立っているのだ。

私が作家を目指して頑張っていた頃、まだ若かった頃には、こんなことは多々あった。

アパートの大家、小さな会社の社長、大手芸能プロダクションの人間、出版社の高学歴編集者……。彼らは、私を軽蔑した目で見ては、「力のない奴」「頭の悪い奴」とバカにした。

私は今でも時々、鬱っぽくなるが、それは決まって、奴らのことを思い出した時である。車の運転中に思い出し、路肩に車を停めて泣いたこともある。それほど、貧しい暮らしをしながら頑張っている最中に、中流意識を振りかざしている人間に侮辱されるのは悔しいことだ。

こんな日に遭ったら、思い切り泣いてかまわない。女に甘えてかまわない。

あなたは、奴らに負けない成功者（上流意識を持てる人間）になり、いつか笑える日が来るだろう。

人望がない男の〝致命的欠陥〟

相談相手を間違うと激しく落ち込む。

この人は親身になって相談に乗ってくれるかどうか、見極めないと大変なことになる。人間不信になってしまう場合も考えられる。

私の経験で言うと、今が楽しければいい、という刹那主義者やバブル時代に育った軽い男は、複雑な人間関係を嫌う。「今が楽しければいい主義」も器が大きければいいが、所詮、趣味の範疇。小者だから他人は包めない。

重い話、楽しくない話は断固として拒否し、自分も干渉されたくないし、他人のプライバシーにも首を突っ込みたがらない。会社で、すごく仲がいい男に、困った時に相談事をしようとしたら、

「俺、そういうの嫌なんだよな」

と電話を切られるのだ。わりとショックで、「え？　そんな男だったのか」と失望するが、相手はそれが普通で、悪いことを言ったとも思っていなく、次の日の朝には、「おはよう」と普通に接してくるだろう。

会社では人気があるが、その人気が、「飲み相手」「遊び相手」としての人気か、「尊敬できる上司」としての人気なのか見極めないといけない。

それにしても最近は、「聞き上手」な男が減ってしまった。

人の話を聞かない。

相手は重要な問題を涙ながらに話しているのにそっぽを向いているのである。

居酒屋でよく見る光景だが、若い男が熱心に身の上話をしているのに、先輩らしき人はメニューを見たり、私たちの方を気にしたりしていて、話を聞いている様子がない。

今の時代は苦しいから、他人にかまっている暇がないとも言えるが、冷たい国になってしまったと思わずにはいられない。

北朝鮮の拉致問題では、横田めぐみさんの父親と母親がずっとテレビで訴えかけているのに、「北朝鮮と戦争だ」と怒り出す人もいないのはおかしい。戦争はもちろん出来ないが、口だけでもいいから、そういう話が街を駆け巡ってもいいんじゃないかと思うほど、拉致の問題はひどい。民主党政権時代は完全にほったらかしだった。

心から湧き出てくる相手の話を聞いて、人は大きく成長していくのだ。

あなたの話を聞かない男なんか、子供なんだ。中学生くらいの感情しかないのである。そういう男との付き合いは、年賀状だけで十分である。

一方、話を熱心に聞いてくれる貴重な男からは離れてはいけない。

その男には「余裕」があって、「懐が深い」。だから、いろんなことを吸収出来るし、悩みも解決してくれるかもしれない。

きっと、人生の勝負に勝っている男なのだ。

人の話を聞かない男は、自分のことで精一杯。「他人なんかかまってられるか」という敗者が多い。

人間という字は、「人と人との間」と書く。他人と一緒になって初めて人間なのであって、「他人のことはかまっていられない」という男は人間として何かが欠落しているのだ。

最後にもう一度、見極め方を言うが、多くの人から人気があるが、その人気が「軽さ」によるものだったら、その男には近づかないことだ。

会社で言えば、「遊び」の誘いが多い男である。夏休みは引っ張りだこ、というタイプだ。

逆に、夏休みはあまり誘いがかからないが、仕事中に熱心に相談を受けているような男は、休みの日にも電話やメールなどで相談を受けているものだ。

そういう男は、別に「他人のために生きよう」と思っているわけではなく、懐が深いから、あなたを受け入れる力があるのだ。

そんな、人生の勝負に勝っている男に、あなたは相談事を持ち掛けないといけない。

礼儀だけは絶対失してはならない

日本において、礼儀は絶対に不可欠だ。

本人たちが、「別にかまわない」と思っていても、周囲が見ていて不快に思う言葉も慎んだ方がいい。

目上の人を「くん」で呼ぶ人が時々いる。どれだけ仲良し同士でも、公の場に出たら、「さん」に呼び変えないといけない。バカな人だと思われるだけである。

「お疲れさまでした」

「ありがとうございます」

「おはようございます」

「ごちそうさまでした」

常に頭を下げること。頭を下げるのが苦手な人は会釈を覚えること。

尊敬する芸術家などは、「先生」と呼ぶ。とはいえ、韓国のタレントを「様」で呼ぶ必要はまったくない。

日本人には、「芸術家を敬わない」というところがある。作家、画家、音楽家などを「先生」と呼ぶ人が少ないのである。先生は、「学校の先生」と思っているのだろう。作家の人が本や原稿を持ってカフェに入ってきたら、席を譲る国もある。日本では、そんなことはありえないわけでそれが寂しい。

私は知り合いの作家の人たちは、「先生」と呼ぶ。知らない好きな作家の人も「先生」と言う。友人の前で、「宮本輝先生の今度の本は面白かったよ」と言う。

私は、芸能界にも付き合いがあったから、「おはようございます」は、どんなに慣れている人にも欠かさないし、「自分は売れている作家だから、女子高生のタレントには挨拶しない」なんてことはありえない。

実は若い頃には、「たかが一歳くらい年上の人を、さん付けで呼ぶ必要はないじゃないか」と思っていた男だった。

若いうちは、「礼儀」が分からないのだ。礼儀を受けないからである。この歳になって、作家になって、いろんな人から礼儀を受けるようになった。それで初めて礼儀の大切さを実感しているのである。

言葉だけではない。目上の人と同席する場合、一番話しやすい場所、落ち着く場所を目上の人に空ける。

女性が車から乗り降りする時、ドアの近くにいたら、必ず開けてあげる。運転席から走っていって、助手席を開けることまではしなくていいが、乗る時に先に開けてあげることくらいは私はしている。

他にもいろいろあるが、あなたが常識を知っている普通の人間なら何の問題もなく、こんな当たり前の話をしなくてはいけないようなら、日本も終わりなのである。

2章

女にもてる男、一目置かれる男のルール

◎「頼る男」「同情される男」に魅力なし

女から尊敬されない男は「負け犬」だ

セックスが出来ない男を私は軽蔑しているから、この話は口調がきつくなっているが、ご勘弁願いたい。

セックスが出来ないといっても、インポテンツや早漏のことではない。

彼女とセックスをしようとしたら、「やめて」と言われる男のことである。

「あたし、疲れてるからやめて」

「あんまりセックスが好きじゃないの。だからやめて」

「早く終わらせてね」

滑稽な話である。

しかも、そう言われても怒るどころか、「はい。わかりました」と了解するのだ。

もちろん、女側が疲れている時もあろう。だが、仕事で疲れて帰ってきた男を美しい体で癒すのは、女の役目ではないか。

よく、結婚相談でこんな話を耳にする。

女性が、「頼りがいのある強い男が好きで、そんな人を探している」と。すると、相談を受けた著名人の人はこう答える。

「男は本来、弱い生き物です。女性の方がとても強いものです。女性の方が生命力もあるし、挫けません。頼りがいがある人もいないと思って、気楽に男性を探してください」

冗談も休み休み言って欲しい。なんの励ましにもなっていない。女を絶望させているだけじゃないか。

医学的な見地で男よりも女の体の方が丈夫なのは立証されているが、精神まで女の方が強いなんて、なんの根拠があるというのだ。

本物の男は強大な精神力を携(たずさ)えている。

卓越した能力を秘め、それを発揮する場を探し、世の中を鋭く観察している。そんな男は挫けない。

女は、そんな男に出会った時に、無償の愛を捧げる。

それこそ、女の強さなるものを発揮し、男を愛する。

例えば、超一流のスポーツ選手がいて、それを支えている妻がいるとしよう。思い浮かべるだけでもけっこういる。そのスポーツ選手が試合が終わった後、

「今日はセックスをする」

と言って、その妻が、

「いいけど、疲れてるから早く終わらせてね」

なんて暴言を吐くだろうか。絶対にありえないのだ。なぜなら、そのスポーツ選手は、妻からリスペクトされ、愛されているからだ。

あなたの彼女が冒頭のように、あなたのセックスを拒否するということは、あなたが彼女から、「弱い男」「ダメな男」「頼りがいのない男」「才能のない男」「お金だけの男」と思われているのである。しかも、「お金だけ」と言っても少額にすぎない。資産一億円の男に冷たい女はいない。リスペクトされていなくて、愛されてもいないのだ。愛があると思うのならそれは打算愛で、彼女はあなたの安定した収入が目的なのである。早く、目を覚まして欲しい。

彼女から、セックスを意味もなく拒否される男は負け犬なのだ。負け犬のままでいいのですか。

「今日はセックスがしたい」

と言ったら、

「はい。あたしも抱いて欲しかった」

と言われないといけないのだ。なぜ、

「今日は疲れてるからやめて」

となるんだ。世間では女は強いはずじゃなかったのか。何に疲れてるんだ。仕事か。それは男もそうだから、抱き合って疲れをとるんじゃないのか。

私の周りにも、女にセックスさせてもらえない男たちのこんなバカげた話がいっぱいあるのだ。

男たちよ、いったいどうなってるんだ。

男は確かに女性よりも病気をしやすいし、寿命も短い。

だからといって、日常の生活でも弱くなってどうするのか。誰かが昭和の終わり頃に、

「男は弱い生き物なんだよ」

と主張してから、すっかり、それが定着してしまった。

男は強い。太く短いのだ。女は細く長いんだ。

それを女が強く、男が弱い、と言い換えられてしまった。

日本の男たちは欧米に影響され、すっかり女を自惚れさせてしまった。

欧米は欧米。日本は日本。この国にはこの国の恋愛の形がある。スウェーデンがフリーセックスを頑なに続けているのを見習って欲しい。日本のセックスは男性上位で、家庭は円満だったし、セックスで力を得た男たちのエネルギーで経済は発展してきたのだ。

今、家族は崩壊し、経済はボロボロではないか。

そして、あなたが彼女から、「今日はやりたくない」と言われている間に、一人勝ちしている強い男がいることをよく知っておいた方がいい。不況でも、いい女とセックスをし、金儲けをしている強い男がいるのだ。

彼女からセックスを拒否される男は、負け犬だ。

「負けず嫌い」は頭角を現す男の条件

私はスポーツをしない男をあまり認めない。

最低でも、ジムなどで体を鍛えていて欲しいし、出来れば、勝ち負けが決まる競技をして欲しい。

私はゴルフをしている。チームワークではなく、自分だけが頼りの、過酷なスポーツだ。ゴルフに行けない時は筋トレもしている。

ゴルフは、同じくらいの実力の人とコースを回れば、精神的にかなり疲労する。十八ホール終えると勝ち負けがはっきりし、負けるととても悔しい。だが、「次は負けない」と思い、自分を向上させようと行動を起こすものだ。それはとても大事な気持ちだ。だから、スポーツクラブで運動をしているだけではなく、勝ち負けがわかるスポーツをして欲しい。

子供の頃から、スポーツで勝ち負けの経験をまったくしてこなかった人間がどうなるか考えたことがあるだろうか。

今は、弱肉強食的な世の中で、勝ち負けが曖昧だった職場でも、はっきり、「おまえの負けだ」と宣告されることが多くなった。リストラのことである。その時、学生時代の体育会系の部活で、勝ち負けを経験してきた男なら、それは初めての惨敗にはならない。だが、学生時代はまるでオタクで、ゲームでの勝ち負けは知っていても、対人間との勝ち負けを経験してこなかった男だったらどうなるか。

非常に極論だが、残忍な犯罪や意味がよく理解できない犯罪が増えたのは、「勝ち負け」を経験してこなかった男たちの〝逆切れ〟だと私は思っている。

マザコンで、母親に叱られたことがない男が、きつい女と出会って、その女を殺すのと酷似している。

勘違いしてもらったら困るが、スポーツをしていない人が犯罪者になるという話ではない。その人にモラル、理性があり、人を愛する気持ちがあれば、オタクだろうが極貧だろうが犯罪は犯さない。

あなたは、もし負けた時にどうするか。立ち直り方を知っているか。

ゴルフで負けた場合、自分がなぜ負けたのか、ホール毎のプレーの記憶を辿る。「三番ホールで冷静さを欠いた」「十二番ではクラブの選択を間違えた」と、反省する作業に入る。それは、自分で自分を貶める行為なのだ。仕事でこんな自問自答をしていたら自殺したくなるかもしれない。だが、スポーツはネクストがあることを教えてくれる。「次は勝つぞ」と気持ちを切り替えることが出来るのだ。だから、自殺はもちろんしないし、切れて誰かを殺すこともない。

古い言葉で言うと、私は今は「勝ち組」かもしれないが、正直言うと、百回負けて、三回くらいしか勝っていない。病気になった中学生の頃から負けて負けて負け続けて、大人になってからも作家を目指して、負けて負けて負け続けた。

デビュー出来て、「おお、初めて勝った」。

女に恵まれるようになって、「やっと二回目だ」。

ベストセラーを出して、「三回目かな」という感じだ。

負けている最中はいつも、「次がある」と思い込んでいた。出版社なんか星の数ほどあると思い、挫けなかった。実際には星の数ほどはなく、私はピンチだったが。

私が若い頃から挫けなかったのは、ひょっとして父親と一緒にゴルフをしていたからかもしれない。父はゴルフが趣味で、私はキャディーのバイトをしていた。東京に出てからは、実家に帰る度に父とコースに出たが、当然勝てるはずもなく、いつも「今度こそ勝ってやる」と思って、また東京に戻った。アパートの近くに、河川敷のコースがあり、そこで練習に励んだ。

すごいエネルギーだったと思う。負けたのに挫けずに勝とうと思う力だ。

それは、スポーツにはネクストがあるからに他ならない。

チャンスは一回ではないと、スポーツは教えてくれる。

貧富の差が激しくなってきたこの時代では、チャンスは一回のような錯覚を覚える。それはまさしく錯覚であり、リストラされても、女にふられても、仕事で失敗しても、ネクストは街に溢れていて、あなたの才能は次のチャンスを待っているのである。

男だったら、勝ち負けのはっきりするスポーツをして欲しい。

「病」にも負けない精神力をつける

結論から先に言うと、「名医」を見つけることだ。

末期癌やアルツハイマーなど、現代医療では根治不可能な病気は仕方ない。だが、それ以外の病気で苦しんでいる人はヤブ医者にかかっているのだ。

私は中学生の時に拒食症になった。父親の転勤で住み慣れた町を離れ、まったく文化、慣習が違う町に引っ越したため、体が拒否反応を起こしたのだろう。だが、当時は心の病を病気と認めてくれる人は少なく、私は叱られるばかりで病院に連れていかれることはなかった。それを引きずったまま、高校になると心臓神経症を発症。動悸、焦燥、息苦しさ、めまい、胸痛……。今度は場所が心臓だけに近所の病院に駆け込んだが、薬を飲んでも入院してもいっこうに治らず、「この病気は一生治らないのよ」と看護婦にも言われた。確かに、文献を読んでみると、心臓神経症は不治の病とも言われている。だが、心の病気には変わりなく、生来気が強かった私は、「一生治らない」と断言されて、激怒した。四十二キロまで体重が落ちた痩せ細った体で、単身田舎から上京。小学生の時に住んでいた町にアパートを借りた。まず、環境から整えることにしたのだ。

だが、その頃に通っていた病院がヤブだった。カウンセリングを受けていたが、私が作家になりたい夢などを話していたら、突然医者がキレて、

「もう、いい加減にしろよ。甘えてるんだよ。まともに働けよ。この病気は治らないんだよ」

みたいな台詞を吐いたのだ。私の「夢」も軽くあしらわれた。医師に突き放された私は半ば絶望して、最後にもらった二週間分の薬（はっきり言って効かない）を頼りにバイトをしていた。

その間も、電車に乗ると半ば失神。車の自動車道のトンネルで動悸息切れ。おまけに、原因不明の下痢まで始まり、私は絶望しながら生きていた。

ある日、書店で中原中也の詩集を読んでいたら、その近くに、『関東の名医』と題した本が置いてあるのに気づいた。私はそれを手にとって、「神経科」「心療内科」を

捲ってみた。その中に、心臓神経症の名医がいる病院が載っていたのである。しかも、近所だった。すぐにその病院に行って、「高校の頃からひどい心臓神経症で、今は下痢も併発している」と説明。初老の先生は、「過敏性腸症候群が治らない？　同業の悪口は言いたくないが、どんなヤブ医者にかかっていたんだ」と絶句した。

「この薬を飲めば下痢は止まる。下痢止めじゃないんだよ。心臓の調子もよくなる」

と言われた。

その薬は、私の体を、いや、人生を変えた。下痢はぴたりと止まり、体重が増加。心臓の調子もよくなってきて、発作は寝ている時だけになった。地下鉄にも乗れるようになり、大好きな車で旅行も出来るようになった。普通の人間になったのだ。生き返ったのである。

「もっと早く、あの先生に診てもらえばよかった」

と、当時の私は逆の意味で落ち込んだものだ。私を罵倒した医師がいる病院と、その名医がいた病院とは駅にして二駅くらいで、車では三十分も離れていなかった。運がなかったのかもしれない。

完治したわけではないが、私が神経の病気を治すまでにかかった年月は、約十五年。

その間、私がしていたことは、ヤブ医者の病院に通っていたことだけである。

皆さんの中で、病気に苦しんでいる人は、病院を変えないといけない。そして、病気の間は、夢に向かって〝練習〟を続けることだ。私は、心臓の痛みに耐えながら、ずっと文章を書いていた。体調がいい時は必ず運動をして、体力を養っていた。

二十六歳を過ぎてから、体調が一変してよくなった私は、一気に勝負をかけた。

女を手に入れ、車も手に入れ、仕事も手に入れた。

病気に縛られていた時代が終わり、自由を手に入れた私は、「人生に勝った」と思った。

たとえば、できる男は「深くよく眠る」

強い男、一流の男たちは、睡眠がきちんとしている。

きちんとしているというのはどういうことかと言うと、熟睡しているということだ。

リストラなどをされて、神経症になった男の中には睡眠がダメになる人間が多い。

まあ、それは病気だから、あまり批判することは出来ないが、例えば、朝、起きられず、会社に行けなくなる病気もその一つだ。彼らは熟睡出来ず、一日中睡魔に襲われている。とは言っても、会社に、「今日は休みます」と電話をして、了解された瞬間だけ元気になるから、甘えた病とも言える。

今日一日を有事に備え、または、今日一日を有意義に過ごすためには、きちんと熟睡をしなければいけない。どんな手を使ってでもだ。薬を飲むのもその方法の一つで、睡眠薬を飲むことは後ろ暗いことではない。「眠い。眠い」と一日中、愚痴を零(こぼ)していることが恥ずかしいのだ。

私の場合、睡眠薬は使っていないが、眠くなる成分が入っている精神安定剤を常備している。別の持病のためだが、地方に仕事に行く時には、新幹線や飛行機の中で熟睡できるように、この薬を飲む。そして、自分では、「え？　もう博多に着いたの？」と仰天するくらい熟睡しておけば、その日は夜まで軽快に仕事が出来る。

睡眠が浅いと、脳が休んでおらず、メガトン級の刺激がない限り、脳は目覚めない。大地震がきたり、好きな女に告白されたり、日常ではありえないことが起こらない限り、「眠い」と愚痴を零しながら起きていないとならない。それがとにかくみっともない。男のダンディズムなどを損なってしまう。

快適に、深く眠るためには、「俺は今から寝るから邪魔をするな」というくらいの強気な姿勢がないといけない。女房や恋人、メル友など、熟睡を邪魔する人間には、寝る前に予め、注意しておいた方がいい。携帯はマナーモードにするか電源を切るのは、当たり前である。私は書斎にベッドを置いてあるが、ＦＡＸの音も切ってあるくらい徹底している。十時間寝て起きても、眠りに失敗して眠いままでは一行も書けないのだ。それから、夜中にトイレに行くのを防ぐために、寝る前にビールを大量に飲むのも避けた方がいい。

十時間眠ったのに、起きても睡魔が拭えない場合、熟睡していなかったことになる。または、あなたは疲れているのだ。もっともっと眠らなければいけない。長時間眠っていると、その間、起きている人間は、あなたを悪く言うだろう。だが、あなたが仕事をきちんとしている男なら、何時間眠ろうとかまわないのだ。その結果、月曜日からの仕事で勝負出来るなら、周囲の雑音なんか無視して眠らなければいけない。仕事や勉強（研究）をきちんとしている人間には、欲求を満たす権利があると思っている。睡眠、食事、セックスだ。逆に、仕事も出来ない人間は、本当は眠る権利もないのだ。だが、そういう男に限って、公園で一日中寝ているのがよくある光景だから、世の中冗談にもならない甘えが許されていると言っても過言ではない。

睡眠が下手な男は出世しないし、勝負事に弱い。私が若い頃そうだったし、脱落していった男たちは皆、睡眠の障害を抱えていた。

いいセックスをした後、男が輝くように、快適な睡眠を取った後、人間の脳は鋭くなる。睡眠薬も、今はくせにならない良質なものが出てきたので、不規則な生活をしている人は心療内科に行って、相談することを勧める。

一生、カッコいい男でいることを目指せ

私は生涯カッコいい男でいたいと思っている。

顔は生まれつきだからどうにもならないが、身嗜みやスタイル、姿勢は磨ける。

普段、部屋にいる時は、皆さんはくつろいでいると思う。夏ならパンツ一枚の人もいるだろうし、上下ジャージの人はもっといる。それは悪いことではなく、当たり前だが、私はちょっと違う。

今、この原稿を書斎で書いているが、ビンテージのジーンズを履いている。上はラメが入ったセーターである。上下合わせて五万円くらいはするだろうか。外出して、女性と会う時と変わらない格好で仕事をしている。間違っても、上下ジャージなんてことはないというか、ジャージは持っていない。

床に落ちている物を拾う時も、トイレ座りなんかしないし、階段も軽快に下りる。

これを二十年くらい続けてきた。だから、慣れてしまっていて苦痛ではない。一人でいる時、誰も見ていない時も、ダンディできちんとしている。どんな時でもだらしなくしない。

これが私のモットーである。

その成果は、日常の勝負時にものすごい威力を発揮してきた。

作家になる前は、会社勤めをしていたが、

「君は冷静な男だね」

と上司に褒められたものだし、女子社員からは、

「トラブルに強いね」

と言われた。

酒に酔って醜態を晒したこともない。

もちろん、女の前で、急に自分を作る必要はない。いつもの自分を見せていればいいだけなのである。だから、沈着冷静。女も、「頼りがいがある」と喜んでくれる。

以前にテレビ番組で木村拓哉さんに、ある女性タレントが、

「いつも、そんなんで疲れない？」

と嫌みな質問をしていた。どんな時でもカッコつけているという意味だろう。

そう、疲れないのだ。

カッコいい男は、四六時中、何十年もの間、ずっとカッコつけているのである。体に染み付いているわけだ。だから、疲れないし、そのカッコよさがオーラのように醸し出される。

政治家で言えば、石原慎太郎。スポーツ選手で言えばイチロー。俳優ではいっぱいいるだろう。田村正和や渡哲也……。彼らにはカッコよさのオーラがある。

私は問いたい。

カッコ悪い男が人生に勝てるだろうか、と。

カッコ悪い男が勝負に勝てるだろうか、と。

カッコ悪い男が成功出来るだろうか、と。

「あの人は身嗜みがカッコいい」

と思われるから、慕われるのだ。

「あの人はやることがカッコいい」

と思われるから、人が付いてくるのだ。

「あの人は言うことがカッコいい」

と思われるから、女にもてるのだ。

あなたがもし、カッコいいと言われたことがなければ、普段の生活から変えることを勧める。

誰も見ていないところでも、ナルシシストのように立ち振る舞いを研究する。そして、それを体に染み込ませる。

カッコいい自分を作ることは、すべての勝負に有効な方法だと思っている。

女に「すがる男」は三流以下である

一部の才能のある男は、たとえ、女にすがっていようが、弱音を吐いていようが、社会に負けない。才能が、男のだらしない部分も凌駕してしまうと言ってもいいだろう。尾崎豊のように弱音ばかりを歌い、死んでしまってから勝った男もいる。彼が天才だったからだ。

だが、我々は違う。

あなたは天才ではないのだから、男の弱さを主張していても、何にも勝てないのだ。

特に、女のことで、だらしない男が多すぎる。

だらしないとは、女癖が悪いことではない。逆だ。

「花子ちゃんがいないと生きていけないよ」

と、すがることである。

女の方は、「そうなの」と妙に冷めていて、男を手のひらの上で転がしているという具合だ。

最近では、携帯電話の待ち受け画面を彼女の顔にしている男が多いらしい。逆に、女の方は、ペットや自然の風景にしていて、彼氏の顔は待ち受けにしない。女の方が自立していて、男に依存していないのだ。

ちょっと前に、『花婿教室』というのが流行ったことがあった。結婚出来ない男たちが急増しているからだ。彼らは結婚はおろか、デートすら出来ないという。そこで、その教室に通うわけだが、私はテレビに向かって怒鳴ってしまった。

「結婚出来なけりゃ出来ないでいいじゃないか。この腰抜け」

と。

結婚して、女にすがりたいのか、社会に迎合したいのか知らないが、一人で生きていく勇気もなければ、自分の力で勝負をかける能力もないのだ。そんな男はどんな教室に通っても女は出来ない。弱いことを、自立している今時の女たちに簡単に見破られてしまうだろう。

男の方が、

「結婚しよう」

「同棲しよう」

「セックスしよう」

と女に哀願し、女の方は、

「うーん。ちょっと待ってね」

と余裕をかましているのが、今の時代の男女の恋愛である。

いったい、女の何がいいのだ?

セックスがしたいのか。だったら、どこかでセックスするだけで、結婚する必要はないじゃないか。

確かに、セックスは楽しい。だが、セックスが出来るくらいで、他は男となんら変わらない今時の女に、なんですがるのだ。

パラサイトシングルと同じで、常に母親が必要だと言うのだろう。彼女に母親になってもらいたいわけか。

じゃあ、母親の何がそんなにいいのだ。

私にはさっぱりわからない。

女の良さもわからない。

今時、無償の愛を捧げてくる女なんかいない。

「おまえの特技はなんだ？」

と聞かれて、

「掃除です」とか、「料理です」とか、「保育園で保母をしてました。子供が大好きです」とか、そういった男の苦手な部分が得意なら文句はない。仕事に忙しい男は、好き嫌いは関係なく、そういう行為は苦手だからだ。わかるだろうか。料理が好きでも、時間がないから苦手なのだ。掃除が好きでも、仕事で疲れているから出来ないのだ。

男が残業して仕事をしているのに、

「男も家事を手伝え」

などと今の時代の女は言う。子供を産みたくないと言う女も増えている。子供が出来たら出来たで、

「子育てを手伝え」

と言う。男女平等。男も女も一緒じゃないといけない、とフェミニストは大声を上げる。では、性は何のために存在するのだ。世の中には、なぜ、男と女がいるのだ。

男に生まれて女の仕事をするためにいるのか。女に生まれて男の仕事をするためにいるのか。違う。おのおのの役割を果たすためである。なのに、「家事をすることだけが女の仕事ではない。女性差別もいい加減にして欲しい」と、家事の話をすると言われる。では、女は何のために存在するのか教えて欲しい。男を愛するためじゃないのか。太く短い男を支えるためじゃないのか。

男は、仕事をするため、そして戦争をするために存在する。女や子供など弱い者を守るためにも存在する。強盗が家に入ってきたら、女と子供を守るために戦うのは男なのだ。

では、もう一度聞こう。女の仕事（家事、子育て等）を放棄した女たちは何のために存在するのか。戦争に行くのか。子育ては親に任せて、仕事を続けるのか。強盗が家に入ってきたら男と一緒に戦うのか。セックスも、「男の性欲の処理のためにはさせない」と言うに至っては、もう、女の存在理由なんかないのだ。

仕事が出来ない男は、無論、家事も手伝わないといけない。それは、仕事が出来ない男は、男ではないからだ。だが、仕事が出来る男たちは、生意気な男のままでいいのだ。女を従えていいのである。それは女性差別でもなんでもない。

「どうしても俺と付き合いたいなら、裸で出てこい」

と、私は言う。

「俺と結婚したいなら、家事が出来ないとダメだよ」

と、私は言う。

私が仕事が出来る男だからだ。

なのに、そんな私を男尊女卑の男だと言う読者が多い。

私は四六時中、仕事をしている。だから、家事は出来ない。料理が好きだが、料理を毎日作ることは不可能だ。家事が出来る女じゃないと私とは暮らせない。そしてもちろん、私は家事は手伝わない。それを男尊女卑と言うなら、私は女なんかいらないのである。ダスキンに頼めば部屋の掃除くらいしてくれる。私が仕事をしている最中に、テレビを見ているだけの女なら、食わせるだけ損ではないか。

私は、女にすがったことはない。だから強い。

こんな腐った時代に負けない。

つまらない女に振り回されるな

私は、女性向けの著書『かわいい女』シリーズで、さかんに女性たちを、いい女に、そして愛に殉ずるかわいい女になるよう、説いてきた。

だが、時代は女たちを狂わせてしまって歯止めが利かない。

私が聞いた「愛を持たない女たち」の話をしよう。

男に、

「好きだ」

「付き合って欲しい」

と一年以上言われたある女は、自尊心が満たされたのか、その彼と付き合うことになった。だが、彼女には男に対するある要求があった。仕事は安定していること。出来れば公務員がいい、という要求だ。ところが彼は、会社が不況で苦しくなっている一介のサラリーマンだった。

そこで、彼女は彼に、

「公務員になってよ」

としつこく言い続け、ついに彼は公務員に転職してしまった。国家公務員試験を受けて、転職出来るとは努力したのだろうが、彼のやりたかった仕事は公務員の仕事ではなかったはずだ。この女が好きなのは、彼ではなく公務員なのだ。または安定なのである。そして、男の方はそれに気づかず、女に言われるまま、大事な仕事までも変えてしまった。

ある男は病気になった。神経性の下痢を繰り返す厄介な病気で、トイレが近くにないと漏らしてしまう時もあった。彼には妻がいたが、それが原因で離婚になったという。妻が、

「うんちの付いたパンツを洗いたくない」

と言ったそうだ。病気はもともとストレスが原因なのだ。会社での出世が遅れていることや子供が欲しかったが、妻が、

「まだいらない」

と言っていたことが原因だったかもしれない、と彼は言っていた。なのに、その妻は、

「病気になったあなたが悪い。そのパンツを触るのが嫌だ」

と言うのである。これと似たような話はけっこう転がっている。あなたも聞いたことがあるだろう。

私が飲み会で会った女は、「彼氏がいる」と言っていた。楽しそうに彼の話をするから、「結婚するの?」と聞いたら、「しない」と言う。

「彼はカッコいいし、セックスも合うし、優しいから好きだけど、給料が安いんだよね。だから、お金のある人が現れるまで、ギリギリ彼でやり過ごす」

と、あっけらかんと言うのである。私は持っていたビールをぶっ掛けようかと思った。

私の著書を読んで、

「女らしくなりたい。かわいい女になりたい」

と言う女の子たちを除いて、今の時代の女たちは、金銭欲と物欲しか頭にない。不況で、自分たちはお金を稼げないから、男にそれを任せようとしていて、男の価値は

「金」だと思っている。もちろん、お金のない男はダメだが、男の価値は仕事と男らしさなのだ。

隣の主婦も、そのまた隣の主婦も、夫の出世の話と子供の教育費の話、自分たちが身に着けるブランド物の話、しかせず、そんな住宅街や団地が日本中に溢れていて、それが梅雨時のカビみたいに増殖してしまった。女は総じて主体性がないから、流行に乗ってしまうのである。B層というやつだ。

韓流ブームがいい例だ。日本中の主婦が夫をほっといて熱狂している。ありえないバカさ加減である。

昔の女は、どんなにバカでも、愛を知っていたから価値があった。羞恥心もあったし、言葉遣いも丁寧だった。今の女たちにそれはない。もう、女には女の価値がなくなったのだ。

今の時代の女たちは打算的で、家庭の愛情や男への無償の愛情など、まるで興味がないし、知らない。それは、そんな父親と母親に育てられたからだが、不況のせいで、物欲がより刺激されているのもある。一部の成功者だけが目立っていて、そういう人たちがテレビに出てくるから、変な夢を見ているのだ。別のパートで詳しく書くが、出世街道まっしぐらの男を探していて、愛したい男は探していないのである。

もう、女はやめないか。

女の尻を追いかけるのをやめないか。セックスがしたければ、セックスワーカーのところに行けばいい。形だけ女で、頭の中は浅知恵とフェミニズムでいっぱいで、男を利用することだけしか考えていない女たちを、なぜ、追いかけるのか。私の知り合いにも、そんな女に、

「好きだ。好きだ。離れないでくれ」

と泣きついている男がいる。とにかくその男を殴りたくて仕方ない。そんなに弱い男が、何のために生まれてきたのか。

そう、男は何のために生まれてきたのか、あなたに問いたい。

闘うため。

いい女を手に入れるため。

自分の好きな仕事をするためではないか。

なのに、バカ女たちに振り回されて、それら、男がするべきことが何も出来なくなっている。それは、日本国を破滅に導くのだ。

女嫌いも、『ルパン三世』の次元大介みたいでカッコいいではないか。

「俺は女が嫌いだ。今の時代の女は、愛を知らない」

とでも言っておけば、愛を重んじる女が寄ってくる。

私がそうだ。会う女によく言っている。

「おまえみたいな女は嫌いだ」

と。大半の女は驚く。逆切れする女はどうにもならないが、

「どうして嫌いなんですか」

と真顔になる女には、少しは見込みがある。愛は知らないが、教えれば、男と女は愛と絆(きずな)だけで結ばれるものだとわかるかもしれない。

女は突き放そう。

強くなりたいなら、今の時代の女には依存しないことだ。

なぜ、「冷たい男」はもてるのか？

男が、女を一方的に愛してしまい、愛で包もうとすればするほど、女はダメになり、女は心を失っていく。

女は緊張と想像がないと緩んでしまう。想いも肌も膣も緩む。

男は、女に愛され、愛されていると知らぬふりをして、身勝手に自由に生きていけば、社会に勝つことが出来る。

本当の女の愛とは、それほど寛容で、それを受ける男の方は女からすれば冷たい。

「この男はどうして、こんなに女にもてるのだろう。女がいっぱい付いてくるのだろう」と思ったことはないだろうか。著名人の話でもいい。思い浮かぶ人がいると思う。

それは、その男が冷たいからである。女が冷たい男を追いかける。男はどんどん逃げながら、また女に惚れられる。追いかける女が増え続け、男は逃げ続けるだけ。捕まったらセックスをして、また想像されるようにしてしまう。

強い男には、「逃げる」ことと「セックス」という二つの武器がある。大阪にいる女を東京に呼び寄せ、セックスし、ペニスの味を体に叩き込んで、次の日に大阪にまた帰したらどうなるだろうか。こんなに、「冷酷」な男のやり方はない。

だが、そうして男が東京に逃げたままだから、男が強いのだ。大阪まで女を追いかけていき、一緒に暮らしたらどうなるか。それでその女に溺れて、仕事が出来るだろうか。社会と戦い、勝負に勝つことが出来るだろうか。

私は本書では、恋愛に関して、そして女について、わりと冷たいことばかり言っている。私は自分の傍にいる女を愛しく思っているし、大事にしているつもりだが、たぶん、「冷たい」男を演じていると思う。しかし、それで女は寛容になっていき、私は社会に勝つことが出来た。

今の時代に多い打算的な女や貞操観念のない淫乱な女には冷たくすることで、男は強くなり、世の中もまともになるのではないだろうか。

男が夢に向かって生きること。それは死に向かうことである。

男が女を抱くこと。それも死に向かっていくことである。

昔の女はそれを知っていたが、今の時代の女は知らないのであろう。
あきらかに、男の夢に乗じることも、男のセックスを受けることも、女が美しくなり、そして生き長らえるための手段であり、昔の女たちはそれに感謝していた。
自立している女たちには関係ない話だが、愛がないと生きていけない美しい女たちには、男の命が必要である。

命は安易に売れるわけはないし、安易に見せることも出来ない。

私が女に冷たいのは、「命をかけている」からである。

夢に向かって走り続け、命を削っている。その夢に、女を乗せている。

セックスでは、美しくなってもらうために、そして純愛を知ってもらうために、男の冷たさ、強さを与える。

軽い言葉は作れない。命をかけているからである。

今日も心臓が痛い。女は、不規則に動く私の心拍に気づき、「休んで」と言う。私はその言葉をありがたく思いながらも無視し、命を与えるように女を抱いて、早朝の街に逃げ込む。

結婚していい女、ダメな女

結婚ほど難しいものはない。

こんな制度、無くしてしまって欲しいとさえ思う。ようは、妊娠した女性の父親が誰か明確にわからせるための制度だろう。

映画『復活の日』では、南極に取り残された人類が子孫を残すためにセックスをするのだが、女性の数が少なく、セックスはくじ引きで順番に行った。そして、子供は生まれてきたが、男たちが、

「俺に似てる」

「いや、俺だ」

と言い合うシーンがあった。結婚制度がないとこうなるわけだ。

ところが近年、父親がいなくてもよくなってしまった。いわゆる父権というものが

消滅。父親は給料を家に入れるだけでなんの威厳もなければ、尊敬もされていない。子供が父親の背中を見て育つ、なんて死語になってしまった。なのに、家庭には縛られる。離婚をしたら慰謝料を請求されるし、友達や親族からも悪く言われる。男にとって、結婚は魅力のあるものではなくなったのだ。

結婚は、「俺にはこの女しかいない。生涯愛せる完璧な女だ」と確信出来ない限り、してはいけない。

妥協したらダメなのである。

妥協とは、例えば、「家事は下手だが、顔もスタイルも理想だからいい」というものだ。

顔もスタイルも十年経ったら老けてしまい、変わる。そうしたら、顔もスタイルも理想じゃなくなる上に、家事も下手な女と暮らすはめになるのだ。それは最悪である。

逆に、こういうパターンも同じ。

「顔はあんまり好みじゃないが、家事は出来るし、利口な女だ。結婚に向いている」

若いうちは、さして好みじゃないルックスの女でもセックスが出来る。だが、歳をとってきて精力が衰えてきたら、自分の好みのルックスやスタイルじゃないとセックスが出来なくなるのだ。

え？　違うかな。デブが嫌いなのに、太めの女と結婚して、その女が年相応に太ってきてもセックスが続けられるだろうか。無理だと思わないですか。そうなると、あなたは刺激を求めて、若い女と浮気をするかもしれないし、理想のルックスの女を探そうと考えるから、ますます妻に冷めてくる。

結婚前の女の方の姿勢にも注意したい。

いわゆる打算的な女は、あなたがリストラされたらいなくなるし、子供の教育にも悪い。

あなたの仕事の将来性や安定性ばかり気にして、夢にはまるで非協力的な女は、無償の愛は持ち合わせていない。あなたが、ポンコツになってきたらいなくなるかもしれないし、浮気するかもしれない。あなたよりもっと金持ちの男に言い寄られたら、あっさり乗り換えることも考えられる。

「死ぬほど愛している」

と言われたことがあるだろうか。

そういう情熱的な女は怖いか。今の男たちは無償の愛を知らないから、

「死ぬほど愛している」

と言う女は怖いのだろう。女たちは、男の経済力ばかりを口にし、不況の中、なんとかしてお金のある男を手に入れようとしている。まあ、合コンをしても来る女の大半がそうだろう。合コンの目的が、お金のある男を捕まえることだから仕方ない。しかし、探せばそうじゃない女も見つかる。探しようがないかもしれないが、清貧を好み、情熱的な愛情を持った女もいるのだ。

しかも、そんな女に限って、あなたの理想なのである。ルックスもスタイルも。

なぜか。

女があなたの理想に染まっていくから、綺麗になっていくのだ。

そんな女は、歳をとってもあなたの理想のままだ。

歳をとってもあなたに愛される努力を続けるからだ。

もし、そんな女が現れたら、その時こそ結婚するべきだろう。

それ以外では、もう結婚はやめようや。女を付け上がらせるだけである。

女がどんどん売れ残って、男たちは焦らず自由奔放に遊び出せば、女は焦る。フェミを口にすることもなくなるし、

「料理なんか出来ない」

なんて笑って言う女もいなくなるだろう。

こういう話が男尊女卑と言われようが、私はいっこうにかまわないのである。なぜなら、私は今の時代の女たちを尊敬なんかしてないからだ。はっきり言って軽蔑している。ほとんどの女が打算的で醜い。本物の愛も知らないし、男を見る目もない。貞操観念は消失しているし、言葉遣いも汚い。私の著書を読んで、

「里中さんは男らしい。あたしも女らしくなる」

と言ってくるファンの女の子たちは信じているが、それ以外の女たちは疑ってしかいない。抱く気もまったくない。だから、私は風俗にも行かないし、ナンパもしたことがない。

「里中さんに興味がある」

「里中さんが好き」

と言う女の子としかお茶もしない。

そうしてきて、少なくとも、私は自分の周りの女たちは付け上がらせなかった。だから、「無償の愛」に遭遇したことが何度かあるのだ。

「死ぬほど愛してる」

なんて言う女は、まるでストーカーだとか、ひどく暗いイメージだろうが、そんなことをする女はテレビドラマの世界の話。本物の女は、「死ぬほど愛している」と言いながら、明るくして、あなたが部屋に帰ってくるのを待っているだろう。

愛に重い女は挫けない。あなたの仕事がダメになっても、あなたに付いてくる。今、あなたの将来を気にしている彼女は、あなたの仕事が安泰なうちはいいが、仕事がダメになったらいなくなるだろう。

そんな女と結婚してはいけない。

そんな女たちを付け上がらせていては、日本はますます落ちぶれてしまうのだ。

平々凡々な生き方からの脱却法

今、女たちは迷っている。

本物の男がわからなくなっているのだ。

それは、男たちが弱化した話ばかりがメディアに流れるからだ。

「男は弱いぞ。男は情けなくなったぞ」

という話にばかり、マスメディアは飛びつくのである。

自分で自分の首を絞めているおかしな国だが、平和ボケで、他国を攻撃するエネルギーがないから、自国の悪口が好きなのだろう。反日の一つだ。

男たちも実は頑張っているのだが、スポットを浴びるのは、イチローのような天才的な男ばかりで、サラリーマンはまるで敗北者扱いされる。

男兄弟がいる家庭で育った女は、兄（または弟）が親から、

「国家公務員上級試験に受かれば、一生、楽に生活出来る」

とか、

「一流大学に入って、大手企業に勤めれば、その会社は潰れないから大丈夫だ」

とか、まるで現実的で夢のない話ばかり言われていたのを聞いてきたから、そんな男をとりあえず探そうとする。


女は、ほとんどがファザコン、あるいはブラザーコンプレックスだから、自分の父親、兄と似ている男を探しに行く。だが、その女が家事手伝いをしていて、家から出ていない女なら、自分の兄と似ている男で満足するが、社会に出ている女だったら、依存の反対、つまり独立の方が重要だと気づいてしまうから、親の言う通りに生きてきた男に失望してしまうのだ。公務員だったから付き合ってみたら、女の自分に甘えるばかりで、強くない。ふと、テレビを見たら、イチローのようなすごい男ばかりが話題になっている。サラリーマンといえば、駅で酔っ払って寝ている映像や息子の運動会で走っているお父さんの醜態とか、そんなものばかりが映し出される。

サラリーマンの中にも自分のポリシーを持ち、高いレベルで働いている男もいるが、その情報が流れないから、少数派の男を探そうと無理をする。そう、イチローのようなすごい男を探そうとするのだ。イチローまではいかなくても、芸術家やスポーツ選手、青年実業家等と結婚することを夢見る。タレントの女たちが、決してサラリーマンと結婚はせず、青年実業家やプロスポーツ選手ばかりと結婚するから、それが女の夢だと勘違いしてしまっている。

最近の女性タレントや女優は一般人の男とは結婚しないが、男のタレントや男優は普通の女と結婚しているでしょう。

サラリーマンが女で苦労しているとしたら、少数派の男たちの一人勝ちが、冗談ではなく本当に進行してしまっていると思うほかない。

一人の男が数人の女を手に入れて、女たちもその男から離れない。もはや、結婚は、「いつか出来ればいい」

という感覚で、若いうちは、その男と一緒にいる。

著名な男たちは、大半が数人の女と恋愛をしているし、青年実業家には妻がいて、愛人もいて、というパターンばかりである。女たちから恋をされる彼らは、ますますモチベーションを上げていき、仕事を向上させていく。女たちが、「あたしは普通の女だから、普通の男と恋愛する」という感覚を失い、男に平均以上のものを求めているのだ。

るから、彼女のいない男たちが急増し、彼氏がいなくてもいい女たちも増え続けてい

結婚相談所が繁盛しているのも、三十歳を過ぎて現実に戻った女たちが、殺到する

からであろう。

私の周囲には、彼女のいない男が多いが、総じて彼らは焦っている。

「里中さん、女を紹介してくださいよ」

と言うし、理想の女の話をする。だが、女の方は、

「里中さん、男を紹介してください」

とは言わないのだ。

「里中さんが結婚してなければ里中さんがよかったんだけどな」

と、あっけらかんと言うのである。

「いや、俺なんかよりも若くて、カッコいい奴を紹介するよ」

と言ったら、

「その人、普通のサラリーマンでしょ。きついよね」

と言われてしまった。

もう、男が女で勝負しようと思ったら、独立するしかないのだ。

すべてにおいて独立しないといけない。

女にも依存せず、「自分は女に興味がない。仕事一筋だ」という顔をしていないと、女は寄り付かない。

会社に依存している男に、女は幻滅しているのだ。すでに、自分の父親と兄、弟がそうだったからだ。

一部の、父親を尊敬している女はまともな恋愛をしている。父親以上の男は求めないのである。だが、父親に失望している女は、父親以上の男を探す。探すだけで、最終的には父親と似ている男に落ち着くものだが、それは結婚相談所で見つけてきた男であり、若い頃の恋愛では、父親に似ている男は探さないのだ。父親を遥かに超えた英雄のような男を探しているのである。

今の時代の英雄は、大成功した青年実業家やプロスポーツ選手と決まっている。そんな男がその辺に転がっているわけはない。

三十代の男が、一部のＩＴ社長のように、若くて美しい女を手に入れるには、厳しい時代になっている。

女はセックスの相性で決めてよし

女も口が悪いのが当たり前のような時代になって、女の価値は体だけになりつつある。

こんなことを書いたら、

「里中は、〝かわいい女シリーズ〟と言っていることが違う。女性を差別している」と批判されるかもしれないが、女の価値が美しい体だけになってきたから、心にも価値を持たせるために、「かわいい女」シリーズを書いているのである。

とにかく口の悪い女はダメだ。疲れる。

男の哀しみをまったく理解していなく、または知っていても、言わずにはいられないようなどうしようもない女のことだ。

誕生日が来たら、「また、歳をとったね」

髪が薄くなってきたら、「禿げたね」

体調を崩したら、「体が弱いね」

という具合に、男の弱点、弱点を攻めてくる女である。

昔の女たちは、男を畏怖していて、そんなことは言えなかった。

それが、女性を抑圧していたということになって、いつからか女性は解放されたわけだが、どうやら、仕事を自由にしたいためにフェミが活躍したのではなく、男の悪口を言うためだったと、この歳になってわかった。

「男女平等」

「女を女として見るな」

という女に限って、男を怒らせてばかりなのである。

残念だが、今の時代、私が唱える「かわいい女」など少数しかいなく、あなたが勝負強くなるための、いい女探しは過酷だと言ってもいい。

口の悪い女には絶対に近づいてはいけない。何のメリットもない。

女は、いいセックスをしていたら、穏やかになる。

セックスの時のエクスタシーが残ったまま、一日中過ごしているからだ。そんな女は間違っても、目尻を吊り上げて、フェミニズムを語り出したりしないし、いつも笑っている。

だから、今の時代、女はセックスの相性で決めていい。

お互い、エクスタシーを得られる女を選ぶのだ。

そのためには、あなた自身の勃起力も問題になってくるから、好みの女を選ばないとダメだ。妥協しては勃起しなくなる。

特にスタイルには徹底的にこだわった方がいい。自分の好きなスタイルの女にするのだ。巨乳が好きなのに、ルックスが良かったからと言って、貧乳の女を選んだら、セックスが楽しくない（乳房が小さい女性のためにフォローするが、私は巨乳が苦手である）。勃つのは最初の頃だけで、そのうち回数も減って、彼女をいかせることも出来なくなる。

すると、彼女が口の悪い女になってしまうのだ。

女をセックスで支配する（という言い方は女性差別になるかもしれないが）のは、自然の成り行きだ。男が腕力と知性を使い、激しい仕事をするために、女は男の支配下にいて、男をフォローする役目を神様に与えられた。

男と女の体は決して平等に出来ていない。

なのに、強引に男女を平等にしようとするのが破綻の原因になっている。もちろん、女性には優しくしなくてはいけなく、だけど横暴な男が多いから、フェミニズムが台頭してきたのだから、悪いのは男であることは間違いない。その辺は女性の皆さんに、男を代表して謝罪したい。

話を戻すが、快楽においては、人間の体は平等でないといけない。美味しいものを食べたら、男女ともが同じように、

「美味しかった」

と感激出来て、深い睡眠をとったら、

「気持ちよく眠れた」

とすっきりしなくてはいけなく、好きなものを手に入れたら、ほとばしる独占欲に感激しないといけない。なのに、セックスだけは違う。男よりも女の方が「快感」なのだ。

男はペニスしかないが、女には退化したペニス（クリトリス）とヴァギナと二つの快感があり、クリトリスの摩擦では、男のペニスと同じ快感を得られ、ヴァギナの中

では、男よりもずっと過激なエクスタシーを得られる。こんな体の作りはまったくもって不平等だ。男はセックスの不平等において、「男は損をしている」という運動を起こしても叱られないのだが、ペニスの快楽だけで満足してるから、今のところ、そんな運動は起こらない。

なのに、クリトリスの快楽とヴァギナの快楽と両方持っている贅沢な女の方が、社会運動を常に起こしているから、世の中が乱れてきた。女に魅力を感じなくなった男たちは、女を抱かなくなってきて、アメリカではホモとレズが増え、日本ではＥＤが増えた。

さて、女には、クリトリスとヴァギナと二つの快感があると言ったが、そんなお得な快感が簡単に得られるわけはなく、ヴァギナの方は、男がいないと快楽を得られないようになっているのである。

その意味は深く考えなくてもわかる。

「男に仕えよ」

と神様が言ったのだ。

この話を声を大きくして言うと、

「女性差別だ」

「男根主義だ」

とうるさいが、そんな女に限って、三十過ぎた「負け犬」で、ペニスによるヴァギナ快感を知らないのだ。

ヴァギナ快感を知り、男のペニスに夢中になっている女は間違っても、男（恋人）の悪口は言わない。断言する。

変な運動も起こさない。

選挙に出るとか言わない。

「職場ではあたしを女として見ないで」

とも言わない。

「告訴だ」

「セクハラだ」

という口癖もない。仕事をしている男に対して、

「男も家事を手伝え」

とも言わない。ぼーっとしていて、愛とセックスのことだけを考えている。

長く付き合える女は、あなたとセックスの相性がよく、あなたのペニスに夢中になれる女である。

そんな女は決して、あなたの勝負の邪魔はせず、神様が言う通り、きちんと男のフォローをしてくれるだろう。

3章

8勝7敗——最後に勝つまであきらめるな

◎「タフな男」になるための考え方

「おまえは出来る」と言われる男になれ

勝負に出る時は、自分だけの判断で動いてはいけない。

社会では、一人で決断すると痛い目に遭う。

と言うと、「友達を作ろう」という話になりがちだがそうではなく、「評価」してくれる人が近くにいるかどうか、ということだ。

自分のことは自分には見えない。

三十歳になって、「俺はもう立派な大人だ」と思っても、周囲は「あいつはガキだなあ」と笑っているかもしれない。才能においては、自分で、「俺には才能がある」と豪語していても、周囲がそれを認めないのでは話にならない。恋愛でも、「あの女は俺に気がある」と思い込んでいて、実はまったくその気がないというパターンも多い。

そんな自分の思い込みや早とちりを諭してくれる人間がいて、その人が、

「おまえは大丈夫だ」

と言った時こそが、勝負の時なのだ。

仕事場の先輩、ライバル、彼女の友達など、客観的にあなたを見てくれる人のGOサインを見逃してはいけない。

私は、自分に文章の才能があるかどうか不安だった。ずっと一人でやっていたからだ。師匠なるものがいなかったのだ。作家の卵の仲間もいなかった。とはいえ、作家や他の芸術家を目指している人は、そんな「卵たち」の仲間は作らない方がいい。レベルの低い集まりは馴れ合いになってしまい、時間の無駄遣いだ。同人誌がいい例だ。

話を戻すと、私は、

「ダメだ。ダメだ」

と言われ続けていた。親にも、

「あきらめろ」

としか言われなかった。

それが、フリーライターとして、ある雑誌に潜り込んだ時に変わった。

「里中くんはすごいねえ」

と、周りから言われるようになったのだ。そう言った人たちは、私の友人ではない。出版社の編集長や、毎朝挨拶するだけの編集者たちだった。

つまり、私を褒めてもメリットのない人間なのである。そんな人間が褒めるということはよほどのことなのだ。

私は、「今が勝負だ」と思い、原稿を出版社に持ち込んだ。それが本になったのだ。写真の仕事もやっていたが、自分で、「俺は上手いから」と勝手に思ってやっていたのではない。

プロのカメラマンから、「君は作家なんか辞めて、写真家になれ」と言われたのだ。仕事においては、「俺は出来るから」と焦って、突っ走ってはいけない。誰かが、

「おまえは出来るよ」

と評価してくれた時にしか動いてはいけない。裏を返せば、

「おまえは出来る」

と言われない男は、ダメなんだ。才能がないか、努力を怠っているか、進むべき道を誤っているんだ。

先に、「友達はダメ」という言葉を使ったのは、友達は優しいからである。本物の親友ならいいが、そうじゃなければ、友達は優しいから、励ますばかりで、あまり、厳しい意見は言わない。

「やってみろよ。おまえなら出来るよ」

と言い、背中を叩いておけば、あなたも喜ぶだろうし、友情も安泰。だが、それに励まされて、女を口説きに行って、失恋する、というパターンを、あなたは経験してないだろうか。

どんなにかわいい子でも、口説いたらいけない女はいるし、口説けない女もいる。なのに、友達は、

「頑張れ」

と言う。しかし、友達じゃない人は違う。あなたは、女を口説きに行く前に、大人のバーに行き、バーテンダーに相談してみるといい。

「友達は大丈夫だと言うんですが、客観的に見て、どう思いますか」

と。そのバーテンダーが大人なら、適切なアドバイスをくれるはずだ。

それから、もう一つ、勝負する時に重要なことがある。

「健康」であることだ。

人間、体が丈夫で元気いっぱいなら、なんでも出来る。もし、その勝負に失敗して、心が落ち込んでも、体が付いてくる。自殺することにはならない。

勝負に失敗して自殺する男は、健康体じゃないのだ。

勝負する前から、鬱っぽい男もいよう。もう、年齢的に疲労が抜け切らない男もいよう。若くても、残業で疲れ切っている時には勝負してはいけない。

失敗しても、家まで走って帰れるくらいの体力がないとダメだ。

勝負する時のキーワードは、「周囲の評価」と「健康」だ。

「うるさい外野」に決して負けるな

外野はうるさい。なぜなら、外野は「負け犬」だからだ。負け犬はよく吠えるから、あなたが「勝とう」と勝負していることに嫉妬する。その勝負を阻もうとするんだ。

私自身、作家を目指している時に、友人をほとんど失った。

とにかく、うるさかった。

「早く、就職したら?」

「女に食わしてもらっているのか」

「いつまでそんなことしてるの?」

「おまえは自由でいいよな」

自分は夢破れ、しがない男に成り下がったことを、こちらにも押し付けようとするのだ。

私の場合、その町を出た。とても愛着のある町だったが、白い目で見られている、と思ったからだ。友達に電話をしても居留守を使われたりした。ひどいものだった。単に私が作家を目指して、正社員の会社勤めをしていなかっただけで、友達はどんどん減っていった。いや、正確に言うと、こちらから切った友人もいた。同じように夢を追いかけていたが、それをあきらめ、家業を継いだ男とか、やはり付き合いにくくなったのだ。とはいえ、こちらが電話を止めたら、向こうもかけてこなかったから、似たようなことを考えていたのだろう。

正しいのは、夢を捨て、やりたくもない家業を継ぐことや会社勤めをすることで、私のように、「作家になるんだ」と頑なに決め、自由な生活をしている者は間違っていると、宣告されたようなものだった。

結果、私は作家になれたわけだが、そのために私がした勝負は、愛着のある町を捨てたことだ。

勇気のいる行動だった。

あなたにも地元があるだろう。地元には想い出があり、友人も沢山いる。初恋も地元で、その女もまだ住んでいるかもしれない。だが、あなたの勝負を邪魔する地元はもはや安住の地ではない。雑音が聞こえない場所に引っ越さないといけない。

私の新しい故郷は、埼玉県のさいたま市になった。捨てたその町が、私が一番長く暮らした故郷みたいな町だったが、今はさいたま市で満足している。妻の実家が近く、別の雑音が増えたが、そういう人間関係に対しては強気な私には、さして問題にはならない。

妻の親という話が出たところで、もう一つの外野は親だろう。

あなたの親は、人生の勝負に勝ってきたのか負けてきたのか、ちょっと考えてみるといい。

勝ってきた親なら、勝負のために奔放に生きているあなたを咎めないだろう。

だが、負けてきた親は人生の苦汁を舐めている。息子に同じ苦しみはさせたくないと思うのが当たり前で、夢を目標にじっと耐えているあなたにうるさく言う。

それは無視するしかない。

親孝行は、あなたが人生に勝つことで、あなたが妥協するのが親孝行ではない。息子が勝負をあきらめたことを喜ぶ親は、親失格である。その親は、自分が安心したいだけなのだ。親戚の目もあるのだろう。あなたが夢を捨てて、やつれて帰ってきても、無気力になったあなたの顔は見て見ぬふりをするだろう。親子で人生に負けて、それで傷を舐め合うのが正しいと思っているのだ。そういう人生が凡庸な人間の常識だと思っていて、それで満足している人間もいる。

あなたの親が、もしそういう人間なら、たとえ、親でも断固として闘わないといけない。

闘っている最中は親不孝でも、あなたが人生に勝利した時は、親は涙するのだ。

「よくやった」

と泣くだろう。

親とはそんなものである。

男の器量は「お金の使い方」で決まる

お金の使い方ほど、「男」を決めるものはない。

男は通貨制度によって、命さえも握られてきたのだから。

金のないことは死に相当する屈辱であり、金がなくても生きている男は、世捨て人と呼ぶのも優しいほど、惨めな蝉の抜け殻だ。

男の価値は、優しさとか外見とか、そんな綺麗事はまっぴらなのである。ホームレスを好きになる女がいないように、男の価値はお金のあるなしで決まる。本書では、女が男の価値を「お金」としていることを批判している話もあるが、ここは女から見た男の話ではなく、男の自分の話である。

お金のない男はどんなに優しくても、女に美味しい食べ物もまともな部屋も与えられない。「それでもいい」と言う女は大したものだが、愛と死が同化してしまった女は、欲望する精神が麻痺してしまっていて、男を愛せるが男を向上はさせない。

つまり、無償の愛に殉じる女がどんなに美しくても、男に金がない場合、その恋愛は美しいが、なんら社会性を持たないのである。どこかの田舎の町でセックスしながら心中するはめになる。男の方に金があり、女の方には無償の愛があるなら、社会に溶け込めるから、強さ（男）と美しさ（女）の絡み合いで快適に生きていける。

お金は派手に使うのがいい。

ギャンブルはちまちましない。私は、何万円、何十万円と使う。負けたら、また稼げばいいという感覚。勝ったら、なぜ勝ったのかわかるようになる。勝負の運は、一定の周期で巡ってくる。勝てる時は何をやっても上手くいく。その機を逃してはいけない。負ける時は、神様はあなたを冷たいくらい見放す。そんな時は勝負から降りる。

女は、派手に金を使うあなたに呆れるだろう。親は罵倒するのが常識だ。

そこで、沈着冷静でいる男と、言い返す男で、違いが出てくる。

私は、自分の金を何にどう使おうと勝手だと思っていて、誰の言葉にも耳を貸さない。喧嘩もしないし、謝罪することもない。ひたすら無視している。

私には私の楽しみがあり、決して強いとは言えない命がある。だから、私は自分で稼いだお金で遊ぶ。自分が楽しければ、私の近しい人たちも楽しいと信じている。それを、人はわかっていない。誰かを楽しませようと気を遣うのだ。

親を楽しませようと貯金をし、家族を楽しませようと、過労死するまで働く。親はあなたの貯金が増えたことに安心するが、遊べなくなったあなたのストレスには気づかない。家族のために死ぬ気で働き、病気で倒れたら、誰も楽しくなくなる。

また、私の話に戻るが、私には持病がある。かなり、人に迷惑な持病で、ガールフレンドにはよく迷惑をかけてきた。私自身、ちっとも楽しくないのである。

実は、その持病は、「我慢」しすぎると発症する。

お金を使いたいのに我慢する。そこにいたくないのに我慢する。セックスしたいのに我慢する。怒鳴りたいのに我慢する。我慢して、我慢して、自分は楽しくなくて、周囲の道徳主義者だけが、「偉いわねえ」と褒めている中、私は発作を起こして倒れたのだ。そして、健康な道徳主義者には分からない死の恐怖を、何百回と味わってきた。

三途の川から這い蹲(つくば)って戻ってきた私は、決意していた。

自分のために生きようと。

自分が楽しければいいのだと。

それが周囲を楽しくさせることだと。

お金も、自分が楽しくなる使い方をするのが理想だ。あなたが派手にお金を使っても、年金暮らしの親にはなんの関係もない。家族には迷惑がかかるかもしれないが、それは結婚しているのがいけないのである。

贅沢、または周囲を楽しませるほどお金を使いたいなら、お金持ちになって結婚するか、普通のサラリーマンで結婚しないか、どちらかしかない。

勝負強い男は、お金は派手に使っている。決して、ケチではない。

私は、いろんな場面で勝負強いと言われているが、お金はあるだけ使っている。そのことで、親と何度も喧嘩したが、私は自分のために生きてきて、それで幸せなのだから仕方ない。

そのナルシシズムは、男の潔さに磨きをかけているはずだ。

「わかりやすい男」より「謎がある男」がいい

勝負する時は、十万円は持っていたい。

接待で遅くまで出かける。大切な女とデートをする。という場合だ。

私の場合、接待はされる方でしないから、女性の話をしたい。

先日、とてもかわいい女性と飲む機会に恵まれた。彼女が遠方から重い荷物を持ってきたことや夜遅くなることを想定して、私は銀行から十万円下ろして財布に入れていた。

まず、女性を誘ったからには、食事代は男が持つものだと思っている。

高級中華を食べて、約三万円。彼女が途中、荷物を持って移動する時に、タクシー代も持たせて、それが五千円。夜、バーに行って一万円。そして、彼女とホテルに行って……、ならいいが、そうではなく、私が終電に乗り遅れて、一人でホテルに宿泊して、それが二万円くらい。緊急宿泊の場合、カードが使えない場合が多いので、現金がないといけないのだ。仮にホテルに宿泊しないでタクシーで帰ったとしても、都内から私の自宅までは二万円はするから、私は都内に遅くまでいると予想される時は、いつでもお金を多めに持っている。今回の場合、女性が旅行に来ていたわけだから、何かあった時のために、常に男は気を配らないといけない。ただし、相手の女性が、前章でも述べた物欲主義の打算女だったら、あなたの気配りを見ず、財力を見るから、注意した方がいいだろう。

私が誘った彼女は、もちろん素晴らしい女だった。私が渡したタクシー代のお釣りを、じかに返さず、紙に包んで、「ありがとうございました」と文字を添えて、私に手渡したのである。二十三歳とは思えないマナーを知っていて、丁寧な女だった。

十万円も使わないが、十万円もあれば余裕が出来る。いちいち財布の中身を見て、残金を確認する男がいるが、それがとても恥ずかしいことだと知っておいて欲しい。女は、男の余裕、大きさに惹かれるのだ。女で勝負したければ、常に余裕を持って、何事もない顔をしていることだ。

普段の私はどうかと言うと、財布には十万円くらい入れている。それくらい持ってないと余裕が持てない。

さて、こんな話をいくらしても、奥さんに財布を握られていたら話にならないのである。

男の強さも、大きさも、トラブルに冷静に対応する力も、何も発揮できない。

私のお金は、私が勝手に使っていて、妻には絶対に干渉させないから、私は強い男でいられるのだ。財布の中も見せないし、貯金通帳も見せない。

男は、謎があってなんぼなのである。

「この人、わからないな」と女に悩ませて、カッコいいのだ。自分を曝け出して、何もかも喋って、泣き言を言っていて、どうして女が付いてくるのか。子供があなたの背中を見るのか。

日本人はわかっていない。いや、忘れてしまった。

家父長制度は、女性に苦痛だったのかもしれないが、子供は立派に育てた。女性が男を支配するようになった今の時代、子供はどうなっているか、わかりますよね。犯罪はどんどん低年齢化し、とうとう少女たちまで犯罪を犯すようになってしまった。覚せい剤に手を出す少女はどんどん増えているし、リンチや売春も後を断たない。

私は断言する。

父親が、財布を見せなくなれば、少女は優しい少女に戻ると。

父親が、給料を支配すれば、少女は父親を敬愛する女になると。

最後に話が変わってしまったが、私はこの話に関しては非常にナーバスで、ひどく悲しんでいる。

女に、自分のすべてを見せてはならない

まず、お金は何のために持っているかを問い質さないといけない。

誰に？

女に、だ。

女が、「食べるため」とか「子供を育てるため」と言えば合格だが、物欲を口にするようなら、その女はやめた方がいい。

三種の神器という言葉が流行った昔から、バブル崩壊を経て今まで、日本はまるで物欲だけの世界になってしまった。女たちには、「欲しい物があるから男と結婚する」という風潮があった。男はひたすら女（愛人）を求め、金をばら撒いた。

物欲主義の名残りは、長びく不況の中にある今もなお根強く残っていて、ブランド物を買い漁り、借金を抱える女が後を断たない。若い女たちは、ブランド物のバッグ

が欲しいからと、体さえ売ったりする。私の周囲だけでも、そんなバカ女が二人いるから、日本全国を探せば、もっともっといるだろう。

どんなに高価なブランド物も、その流行が終われば価値がなくなるのに、女たちは男の魂に価値を求めず、物に価値を求めてさまよっている。

女性を批判する話が多い本になったが、悪いのは、そんな女性を甘やかしている男であって、セックスがしたいからと言って、汚れている女を「綺麗だ」と褒めているあなたたちが、女をダメにしてしまったのだ。

財産はいくらあっても悪いことは何もない。

貯金は常に一千万円以上は絶対に欲しいもの。人間、生きていたら何かしらのトラブルに巻き込まれる。裁判ともなればお金が必要だ。お金がなければ、常に「負け」を覚悟しないといけない。貧乏と泣き寝入りはセットだと思っていい。

お金がたくさんあるだけで、男にはある意味、オーラ（自信）が生まれる。車も高級車にした方がいいだろう。別の章ではベンツの否定をしているが、自信を持ちたいためにベンツやポルシェに乗ることは悪いことではない。あなたが気弱なタイプだったらなおさら、車で自信を付けて欲しい。しかし、ベンツに乗っていて貯金がないのでは、いつも何かに怯えながら暮らしていくはめになる。お金は使うためにあるものだが、貯金は街を歩く自分に余裕を持たせるために必要だということだ。

「俺は、三千万円も貯金があるんだ」

と思っていれば、お金の話になった時でも狼狽することはない。女も、余裕のあるあなたに近寄ってくるだろう。

ただし、女には、具体的にいくら持っているかを教えたらいけない。絶対にいけない。

女には、ダンディズムで近寄らせるのがベターで、物欲で近寄ってきた女は、あなたのお金を吸い尽くした途端にいなくなる。

無いお金を暴露するのも冗談にもならない。

「俺、給料が一万円下がったんだよ」

と、居酒屋で同僚のOLに言う奴が、男の価値を落としているのだ。

自分の財力を女に教えて、その女の同情を得るのも、逆に大きな財力で惚れさせるのも刹那的で、その男女関係は長続きしない。長続きしないカップルが増えたことが、どれだけ日本をダメにしたか、知っているだろうか。

日本の恋愛は、時間の無駄遣いが増えているのだ。

くっついては別れ、くっついては別れ、とりあえずセックスだけして、何も残らず、離別の原因もわからないといったカップルの増加で、有意義な時間が激減しているのである。だから、女は本当の愛を知らずに、セックスの価値もわからなくなってしまっている。十代から二十代の大切な時間に有意義な恋愛をせず、古い話だが、酒井順子の言うところの「負け犬」になってしまう。

その原因を作ったのが、男の軽い言動である。

財力を簡単に暴露してしまう。汚い女を「綺麗」だと褒める。就職できないことやパラサイトであることなど、恥ずかしい話を社会のせいにして同情を誘う。

女も、そんな男たちの軽口に騙されて、すぐにセックスをしてしまう。だけど、その恋愛は長続きしない。なぜなら、最初からお互いの正体がわかっているからだ。

だから、女には簡単に言わないことだ。

あなたが、いくらお金を持っているかわからないだけで、あなたには「謎」という価値が出るんだ。

なのに、最近の男たちは、自分の財力（給料）を女に教えてしまう。貯金がいくらあるのかも、すぐに彼女に教える。それでは、あなたは彼女の英雄にはなれない。英雄は、謎めいているものだ。ウルトラマンも仮面ライダーも謎を持っているから、永遠のヒーローなのである。

貯金は沢山あった方がいい。

自信が持てるくらいあるのがいい。そして、女に適当に言えるくらいあった方がいいのである。本当は、三千万円貯金があるのに、

「まあ、一千万円くらいかな。自分でもわからないよ」

と言える余裕のために、貯金をして欲しい。

本当のことは女には教えない。

男は死ぬまで謎めいてなければいけない。

パラサイトシングル男に未来はない

本書を読んでいる人で、パラサイトシングルの人がいたら憤慨するかもしれないが、あなたたちは自分が自立出来ない恥ずかしい男だとわかっていないから、どんなにパラサイトシングルが恥ずかしいか、解説しよう。なお、予め言っておくが、病気の親を介護するために、あるいは働けない親を養うために親と同居している男の話ではない。現役、あるいは年金がある親に寄生している男の話である。

趣味がゴルフ。車は高級車。三十代独身。お金に余裕がある生活に満面笑顔。爽やかな、いい感じの男。

先日、ある飲み会で、そんな男と出会った。女の子たちは、「いいねえ、お金があって。給料が高い会社に勤めてるんだ」と、彼に注目していた。女の子にとっては、結婚を意識した恋愛対象になるだろう。ところが、彼がトイレに立った際、同僚の女性が言ってしまったのだ。

「彼さ、パラサイトだからお金あるんだよ」

と。場は静まり返った。

「え？　パラサイトって。親と住んでるの？」

「そうだよ。だから、お金があるんだよ」

トイレから戻ってきた彼に、女の子たちが積極的に話しかけることはなくなった。その場にいた女の子たちは、パラサイトシングル男がいかに恥ずかしいか、知っていたのだ。


男は、人生において、様々な勝負をしないといけない。そして、時には惨敗して、どん底をさまよわないといけない（苦労しろという話が嫌いな男は読まなくていい）。

それには、親は邪魔だ。

百害あって一利なし、である。

女を部屋に連れ込んでセックスをする勝負が出来ない。

誰かに裏切られ、孤独に泣く時間を得られない。だから強くならない。

お金を失い、ギャンブルなどに賭ける勝負をしても勝負にならない。なぜなら、そのギャンブルに負けたら、ひもじい思いをしないといけないのに、親と一緒に住んでいる家に帰ったら、夕食が自動的に出てくるからだ。それでは、負けた悔しさを覚えられない。

病気をした時はどうか。一人暮らしで病気になると、ものすごい恐怖感に襲われる。看病してくれる人がいないから、救急車を呼ぶか、このまま寝ているか、決断しないといけない。その経験は、後に同じ病気をした時に役立つ。だが、パラサイトだとそんな経験は積めない。親が看病してくれて、判断してくれるからだ。だから、全快したらその病気のことを忘れてしまう。人間、楽なことは忘れるように出来ているのだ。病気の経験を忘れては、自分の体も理解出来ないし、恋人が病気になった時にアドバイスも出来ない。

一人で家事をする大変さを覚えられない。つまり、生まれた時から死ぬまで、家事は母親と女が面倒をみることになる。だから、家事をする女の気持ちなども理解できない。

パラサイトシングルの言い分は、

「親と同居していたら、趣味を楽しめるからだ」

というものだ。甘えるにもほどがある。

男は遊ぶために生まれてきたのではない。

断じてない。

親と同居していたら趣味にお金を使えて楽しいから、パラサイトシングルを続けているという男は、男失格だ。

男は仕事をするために生まれてきたのだ。趣味は、「ついで」でいいのである。若いうちから、趣味に没頭してはいけない。新しいゲームソフトが出た時に、電器店に並ぶ男たちを見たことがあるだろうか。趣味に完全依存している彼らには、オーラなし、迫力なし、ダンディズムなし、厳格さもないのである。

男はまた、女を狩りに行くために生まれてきた生き物でもある。

私だってそうだった。会いたい女がいたから、親のいる三重県から東京まで一人で出てきた。二十歳の時だ。親から離れて、女を手に入れ、自分の城、つまりアパートに女を連れて帰りたいという欲求、いや、夢に憧れた。

それは当たり前で、若い男にとって重要なのは、趣味よりもセックスなのだ。趣味の方が重要だと言う男はオタクが多いし、引きこもりが多いし、女の素晴らしさも知らない。

親に依存しているくらいだから、パラサイトシングル男は、セックスも親と同居している部屋でするのかもしれない。だが、親と一緒の家の中でセックスをしたとしたら、声を聞かれた時点で、見られているのと同じだ。親にセックスを見られるなんて、一種の近親相姦である。

それとも、自分の城ではなく、女の部屋に行くのか。それでは狩りにもならない。女に「お持ち帰り」をされたようなものだ。

学校を卒業してもずっと親と同居し、そのまま結婚したら、一人暮らしも知らないことになる。気持ち悪い。何もかもが気持ち悪いし、男としての生き方に真剣勝負がないのだ。

打算的な女は、パラサイトシングルでお金を持っているあなたに、結婚を迫るかもしれない。実は、打算的な女とパラサイトシングルが増えて、今の時代、バランスが取れているとも言える。だが、打算愛とパラサイトシングルの結婚は長続きしない。当たり前だ。パラサイトシングルには期限があるのだ。

親が死んだら終わりなのである。

親の収入が途絶えた途端に、パラサイトシングルは思う。「どうしよう」と。苦労を知らないから、狼狽し、何も出来ない。

趣味は続けたいが、それにお金を使うと、女房、子供が養えなくなる。だけど、趣味は絶対にやめたくない。よって離婚となる。

そして生まれて初めて一人になるわけだが、若い頃に孤独を経験していないから、一人が耐えられずに心の病になる。あるいは自殺する。

誰も助けてくれない。もう親はいないのだ。

あなたの将来に、親はいないのである。

パラサイトシングルには未来がない。

奮起して、親から離れて欲しい。

4章

何を守り、何を捨てるか——成功者の条件

◎自分を信じて、後悔しない生き方を

群れない男、孤独な男の強さ

私は見た目が遊んでいる男のように見えるらしく、よく女から、

「女が沢山いるんでしょ」

とか、

「いっぱい女の子を口説いていそう」

と言われる。特に、オークリーの愛用のサングラスと合わせて、髪の毛に同じ色のメッシュを入れた時はひどかった。

愛車で深夜のドライブに行くと、

「女のところに行っていたの?」

新しいスーツを買うと、

「どこの女に選んでもらったの?」

セックスの調子が悪いと必ず浮気を疑われたものだ。

私は実は、一人で行動するのが好きで、女から、

「デートしてください」

と言われない限り、こちらから誘うことはほとんどない。滅多に会えない女をたまに呼ぶくらいである。

女を抱くのも好きだし、女の笑顔も好きだが、正直、女がいないと生きていけないような気持ちはない（実際は生きていけないかもしれないが、気持ちの問題）。「結婚したがる男」の話は別の章でも書いたが、結婚なんか出来なくてもいいじゃないかと言いたい。一人の方が自由でよほど楽しい。女に縛られた人生なんか、最悪である。

スーツを買いに行くとする。

細身の私にとって、高級なスーツを買うことはかなりの勝負事である。失敗は許されない。だから、一人で行く。女とは洋服は買いに行かない。

車も自分で勝手に買ってくる。女の意見は聞かない。

なぜか。

自分のことだからだ。

今の日本の男たちは、自分のことなのに、女や母親に相談するばかりである。自分のことは自分で決める決断力が喪失している。

だから、いざという時に失敗する。勝負に勝てない。

今からでも遅くないから、孤独になることを勧める。

親と暮らしている人は、すぐに一人暮らしを始めて、親をシャットアウトする。

女なんか欲しがらない。女なんかよほどいい女でない限り、肉体だけである。心まであなたに捧げようとする女は、一生のうちに一回くらいしか会えない。その一回を探しに、ウロウロ出かけても時間の無駄なのだ。その一回は運命で訪れる。訪れなかったら、あなたは女に縁がなかっただけで、それは女も一緒。一生男に恵まれない女は沢山いる。

話が逸れてしまうが、セックスは確かに楽しい。

孤独になれない男は、きっとセックスの楽しさ、温かさを知ってしまった男だと思う。

それは普段のセックスで、女に依存しているからなんだ。

疲れを癒してくれた。

泣いてる僕を慰めてくれた。

胸で眠らせてくれた。

孤独嫌いの有名な人の本や詩の中には、こんな言葉ばかりが出てくる。当然だが、これでは女がいなくなると、にっちもさっちもいかなくなる。

私の場合は違う。自慢話になるかもしれないが、私は自分が強い男だと信じているから、自分のしていることはまともだと思っている。

まず、セックスで疲れを癒してもらうことはない。逆に、疲れてヘロヘロになるばかりである。

女の前で泣かない。逆に、感動させて泣かせることはある。

女の胸で眠らない。こっちが抱きしめて寝るか、一人で寝る。

こんな男だから、セックスで女に依存なんかしない。だから、

「おまえがいないと生きていけない」

とか、

「一人の夜が寂しい」

とか、そんな弱い話にはならないのだ。

ある若い夫婦が離婚の危機になった時に、妻が偉そうにこんなことを言った。

「あたしと別れて、一人でやっていけるの？　おじいちゃんになったら、誰が世話をしてくれるの？」

と。それで離婚しなかったようだが、男の方に、孤独になる自信がなかったようだ。

怖がりなんだろう。何が怖いのか知らない。私にはまったくわからない。

女がどうしても欲しくなったら、抱かせてくれる女は山ほどいる。

病気になったら入院すれば、看護婦さんが面倒を見てくれる。

一人の夜が寂しければ、睡眠薬で眠ってしまえばいい。

孤独に強くならないと、男は何にも勝てない。尾崎豊や太宰治のように、薬や女に依存して早死にするのがオチだろう。

もっと欲望や快楽に正直になれ

男に生まれてきたからには、次の二つのことで勝利して欲しい。
1、物欲。
2、セックス。
日本という先進国に生まれてきた我々は、豊富なモノに恵まれている。だが、それを手にするのは意外と困難で、不況も手伝い、高級なモノは手に入りにくくなった。

だからこそ、楽しいのだ。あなたたちは、

「不況だから苦しい」

と思わずに、

「不況だから、勝負が出来る」

と気持ちを切り替えないといけない。庶民が苦しんでいる時代に、あなたが仕事を成功させて、ベンツでも手に入れれば、それは大きな快楽となり、あなたをもっと昇華させる。その証拠に、今の時代は「一人勝ち」の時代なのである。

勝負に勝って、大金を手に入れた男は、もっとレベルアップし、また大金を手に入れる。なぜ、一度勝ち出すと止まらないのか。彼が手に入れたものは、勝利の快楽と物欲を満たした快楽だからだ。

快楽ほど、男を元気にさせる薬はない。

快楽で、頭の回転がよくなり、気持ちが高ぶっているから、

「絶対に自分は負けない」

と思い込んでいる。だから本当に「負けない」のだ。

わかるだろうか。

強い男は、「負けない」と思い込んでいる。一回負けても、もう一度勝負する。

勝つまで続けるから、絶対に負けない。

一度勝った男はそうやっているのだ。勝つまで勝負を続けるのである。だが、勝ったことがない男は、負けるとすぐに勝負から手を引く。だから、負けたままで一生を終えてしまう。

私事だが、以前は、「日本一の馬券師」の異名をとっていた競馬の天才だった。過去形なのは、最近勝てなくなったからだ。勝っていた時期はすごかった。仕事をしていなかったが、車は高級車だったものだ。だから、今スランプになって、競馬ファンから叩かれているが、引き下がらずに競馬を続けている。

「負けたまま終わることはありえない。今は運がないだけ」

と思っているし、

「続けていれば、必ず勝てる」

と自分を信じているからだ。

こういう話をすると、

「里中さんはどうしてそんなに強いんですか」

と聞かれる。

それは、

「一度快楽を知ってしまったから」

と言うほかない。その快楽をまた得たくて、勝負を続けるのである。

あなたは、本物の快楽を知ってますか。

欲しいモノを買える快楽。美味しいモノを食べられる快楽。美女を手に入れた快楽。それを一度味わってしまうと、もう、どうにも止まらない。老いるまで、その快楽を求めて走り続けるものだ。そのエネルギーは、あなたの才能をより開花させ、あなたを勝者が住む世界に導いていくのである。

「なぜ、あいつばかりが」

と僻(ひが)んではいけない。それが当たり前なのだ。一度勝った者は勝ち続ける。それが世の中の掟である。

　だから、あなたはどんな手段を使ってもいいから、一度勝負に勝って、人よりも優位な気持ちになれるモノを手に入れることだ。

　腕時計でもいいし、車でもいい。

目の前にある欲しいモノから手に入れていくことを勧める。

日本は、快適な空間で遊べる楽しい国だ。だが、快適に、より快適に暮らそうと思えば、仕事などで成功し、金を得ないといけない。

　あなたが勝負弱いのは、「快楽」「快適」に興味を持っていないからである。または、知らないからだ。

あなたは、あなたを感化する人としか付き合わないことだ。貧乏と貧乏が付き合っていても何も生まれない。負け犬と負け犬が付き合っていても惨めなだけである。付き合うのは、成功した金持ちにした方がいい。快適な暮らしの自慢話を聞かせてくれるだろう。それに発奮しないといけない。妬まないで、憧れないといけない。

読む本は、ベストセラー作家のエッセイ集がいい。外国の高級ホテルで女を抱きながらワインを飲んでる話でも読むといい。それを読んで、「俺もこうなりたい」と思わなければいけないのだ。

セックスは言うまでもなく、快楽である。

男は、射精の時しか快感は得られないが、女がいい女なら、「俺は世の中の勝者だ」と笑える快楽を、セックスの最中、ずっと得られる。

美人を抱いている時の、ブスを抱いている男たちに勝った気分は最高である。その女もあなたに夢中なら、二人ともが気持ちが高ぶった最高のセックスが出来る。その快楽がすごいのだ。ブスやソープ嬢では得られない快楽に満たされる。断っておくが、ブスとソープ嬢がダメだとか言っているわけではない。ブスとでもソープ嬢とでも、普通に射精する、普通の快楽は得られるだろう。それでも十分生きていける。だが、「世の中に勝利した」という昇りつめた快楽までは得られない。

男には二つのタイプがいる。

まず、射精が目的の男。そして次に、女を抱くのが目的の男だ。

射精が目的の男は弱い。すべてにおいて弱い。

女も膣さえあればいいという感覚で、ソープにも行くし、ブスでも抱く。だから、射精がしたくなったら、途端に弱くなる。女に弱くなるのだ。

「お願い。やらせて」と頭を下げる男もいよう。こういう男は死ぬまで勝負事に勝てない。

女を抱くのが目的の男は違う。

美人、あるいはかわいい女にしか目を向けない。常に世の中と闘っている男は、セックスにおいても妥協はしない。いい女しか抱かないのだ。

そしてセックスの最中も、「勝ち」を意識し、また昇華していく。

あなたはどちらのタイプですか。

人生、「二兎」を追うべからず

二兎を追う者は一兎をも得ず。といっても、これは別に、二人の女を追いかけたら両方失うという、よくある話のことではない。女は、女というカテゴリーであるから、何人の女を追いかけようが、上手にやれば、二人でも三人でもモノに出来る。だが、女も好き、家庭も大好きと、違うジャンルを二つも三つも追いかけたら、人間、失敗する。女が好きな男は家庭を犠牲にしないといけないし、家庭が何よりも大切な男は愛人なんか作ってはいけない。

私は、作家の仕事、写真の仕事、競馬の仕事と三つやっていた。皆から、「すごいね。マルチだね」と言われたが、三つやっていたから、ものすごいストレスであった。なぜかと言うと、同じ時期に三つとも調子がいいことなんかありえないのだ。

競馬の本が売れている時は、恋愛の本が売れない。恋愛の本が売れている時は、写真の仕事が入ってこない。『「かわいい」女63のルール』という本がベストセラーになってから、競馬の仕事は音を立てて崩れていくようにダメになった。

だから、私は作家の仕事一本に絞ろうと思い、競馬の仕事も写真の仕事も辞めた。

人間には能力の限界があるわけではない。幸運に限界があるのだ。

私は、文章を書く能力も、競馬のことを皆さんに教える能力も、写真を撮る能力も優れていると思っている。

しかし、その三つとも成功させる幸運なんか絶対にないのである。

幸運を呼び寄せる才能には限界があるのだ。神様がいるわけではなく、能力の一部だと思っている。

一人の人間に幸運は一つだけ、と決まっているようだ。中には、仕事と女の両方が絶好調の人もいるかもしれないが、幸運を引き寄せる才能が有り余っている人間も時にはいる。それは一万人に一人だと思っていい。とはいえ、そんな人でも、女がどんどん手に入ってきたら、大成功していた仕事が普通になってしまうだろう。

例えば、ビートたけしは映画もお笑いも同時に上手くいっていると思うだろうか。お笑いだけの頃には、お笑いでトップだったと思う。だが、今は、映画の「北野武」

が有名であり、お笑いにおいては、お笑いだけをやっている明石家さんまには敵わない。

人生で勝利するためには、二兎を追ってはいけない。

仕事は一つのことに集中する。

男の親友がいっぱい欲しければ、女は一人であきらめる。

女がいっぱい欲しければ、男友達は減らす。

天に三日の晴れ無し、という言葉がある。晴天でさえ三日と続かないのに、人の身の上によいことばかりが続くわけがない、という意味だ。

だが、一つのことに集中していれば、よい幸運をずっと引き寄せていくことは可能である。

私は、本書で自慢めいた話ばかりしているが、競馬の仕事は辛くて辞めた。どれくらい辛かったかと言うと、毎週競馬が終わると、「そろそろ死のうかな」と思い詰めるくらいだった。女と一緒に競馬は観戦しなくなったから、女に泣き言は言わないが、ひょっとすると、信頼出来る女が横にいたら、競馬場の帰り道で泣いたかもしれないし、実はあるストレスの病気を発症した。それくらい、どん底になった。

ところが、競馬以外のことが絶好調だから、「あ、別に競馬がダメでも、本は売れてるから死ぬ必要はないか」と考え直すのである。だから、私の場合、競馬の仕事と写真の仕事は辞めてしまった。そうしたら、ストレスがかなりなくなった。だけど、負けず嫌いの私は、「絶対に巻き返してやる」と、負けたままで終わろうとしないのである。競馬の仕事を巻き返してやる。写真の仕事も成功してやる。そう思って止まないが、私が一万人に一人の幸運をいくつも持った人間かどうか、これからわかるだろう。

話を整理するが、私の仕事が、作家というカテゴリーの中で、「恋愛本」「啓発本」「小説」という具合に手を広げていく分には問題はない。作家と競馬と写真とではカテゴリーが違うのである。だから、三つの幸運を手に入れることが出来ないのだ。

人は、一つのことしか出来ないのではなく、一つのことの幸運しか手に入れられないのである。

「趣味」に逃げるな

自立というと親元から離れることばかりがスポットを浴びるが、いつも何かに依存している男も自立はしていない。

例えば、一人暮らしをしていて、一見自立しているように見える男がいたとする。だが、彼は、ネットの掲示板に毎日、自分の不安や苛立ちを書かないと気が済まない男。この男は一人暮らしはしているが、親の代わりにネットの掲示板に依存をしている。

恋愛が出来ても、自立は出来ていない男もいる。

彼女のことが好きで好きでたまらなくて、その彼女がいないと生きていけないような言葉を作る。スマホの待ち受けは、もちろん彼女の画像。アパートに帰ると、彼女を抱きしめて、セックスを懇願。彼女が、

「今日はしたくない」

と言ったら、嫌われるのが怖いからそそくさと退散する。

男と女がまるで逆だが、問題はそこではなく、彼が自立出来ていない部分にある。

彼は、今は彼女がいるから生きているが、彼女から絶縁されたらもう何も出来ない。

次の恋愛が出来ないのだ。彼女に依存しきって自立していなかったから、当然もてなかった。また、依存出来る女を探すのだろうが、女たちも不況で疲れているから、そんな楽な女はなかなか見つからないだろう。

何かに依存していると、人は大きな落とし穴にはまる。

断言する。

何にも依存してはいけない。

スマホに依存している人は、携帯電話を家に忘れてきただけで、一日中挙動不審になる。

女に依存している男は、その女が冷たくなると、仕事も手につかなくなる。

日本人は、まだ警察に依存しているか知らないが、事件を未然に防ごうとしない警察のおかげで、ストーカー殺人事件だらけである。

自分で自分や自分の子供の身を守らないといけない時代なのだ。

私は、何にも依存していないから、いつも冷静だ。

これをしないとストレスが溜まるとか、やっていけないとか、そういうものは何もない。

趣味はあるが、趣味に依存すると時間を食うから、絶対に依存はしない。

私の趣味は車だが、一日一回、車に乗って出かけないとストレスが溜まるということはない。

だから、仕事は順調に進み、強い。

だが、自分の趣味がなくなると、どうしようもなくなる男はけっこう多い。

スポーツジムに行くと、毎日、筋肉を鍛えに来ている男たちがいる。何時間もバーベルを持ち上げて、自分の筋肉を鏡に映し、惚(ほう)けている。ものすごい時間の無駄遣いだと思う。

ボディビルの大会を目指しているなら納得するが、そうじゃなければ、趣味に依存しているだけなのである。とにかく時間が長い。私は、体のケアに行っているだけだから、マシンを一通りやって、汗を流したら、すぐに帰る。時間にして一時間半くらいだ。だが、彼らは最低でも三時間はジムにいる。そのうち、鏡を見ている時間は一時間くらいあるだろう。

彼らは、スポーツジムがなくなると、激しく狼狽すると思う。ジムが改装工事で、一ヶ月休みになったら、「その間に、筋肉が減ったらどうしよう」と思い悩む。だから、趣味はほどほどに、と言うのである。

昔、野球の球場は屋根がなく、雨でよく中止になった。プロ野球を見ないと一日が終わらない日本のサラリーマンは、プロ野球が中止になる度に家庭を暗くした。子供はプロ野球が中止になって、テレビを見られるから大喜び。なのに、そんな子供を、

「うるさい」

と怒鳴った。プロ野球を見ることに依存していた日本人の醜態である。だから、私はテレビにも依存しない。友達から誘われたのに、

「今日は野球が見たいから、会えないよ」

なんてことはありえない。

依存することがどんなに弱く、人に迷惑なのか、わかっただろうか。

話を整理すると、何かに依存していると自立出来ず、その依存することに時間を取

られる。

仕事の合間に、仕事のように能率的にやる趣味は密度が濃いが、時間を潰している趣味は建設的ではない。

女に依存している男も多いが、それは恋愛ではなく、マニアックな趣味である。

今すぐ親とは距離を置け

成人した男性が、年老いた親とどう付き合うのかは、生きていく上でとても重要になってくる。

出来た親なら、息子には過干渉せず、息子から離れて静かに暮らしているでしょう。だけど、大半の親は息子、つまりあなたの行動に神経を尖らせ、口を挟んでくるものだ。

それが人生の勝負をするのに役に立つのかというと、正直、迷惑なことの方が多い。だから、親とは離れて暮らすのがベターだが、こういう話は親不孝だと思われて、私の語気も弱くなってしまう。

「息子はもう自立した。俺は息子が悩んで電話をしてきた時だけ、アドバイスする」

という親は賢明だが、

「息子はまだ子供。俺（あたし）が面倒見ないと何も出来ない」

と思うばかりの親は、男が一人で生きていく厳しさを経験する重要さをまるで理解出来ていない、親失格と言ってもいいだろう。だが、こういう親は非常に多いのである。

親の話は、確かに経験に裏打ちされた鋭いものが多いが、今の時代で勝負しようと思っている子供からすると、古い話とも言える。時代は変わるもので、特に近年、バブルの崩壊から長びく大不況で日本は大きく変化した。

私は父親を尊敬しているが、

「友人を沢山作れ」

と言う父と、

「友人は無理に作るものではない」

と言う私と意見が真っ二つにわかれ、口論になったことがある。高度経済成長期からバブル期を過ごし、接待を繰り返し、仕事の仲間を増やし、組織を大きくしていった父の時代と、バブルが崩壊し、個人の能力が重要になった私の時代とでは、人付き合いの方法も変わっている。今の時代、お互いの能力を引き出し、弱肉強食の時代を生き抜くために切磋琢磨する友人は必要だから、そんな友人なら私も作るが、そんな貴重な友人など沢山は出来ない。それよりも先に、仕事上で信頼関係を築ける人を作らないとやっていけない。それも一種の友人だと思うが、父が言う友人とは違うようだ。

私にも、「ああ、この人とはしばらく会ってないから、これ以上、ほっておくと縁が切れてしまう」と思う友人（？）は沢山いる。昔は、そんな人たちを酒やゴルフに誘い、縦横の繋がりを増やし、どんどん組織を大きくしていったのだと思う。だが、少なくとも私の仕事では、そんなことをする必要はないし、能力主義の時代に、他人にかまっている暇もないような気がする。時代が違うのではないだろうか。父には大変申し訳ないが、私は私の生き方を変えることは出来ない。

親から見ると、子供はいつまでたっても子供なのは言うまでもないが、三十歳になって、大人になったつもりでいる男に、

「おまえはまだまだ子供だ」

と説教する親は、子供の自立や自律を妨げてしまっていることに気づいていない。

六十歳の男から見れば、三十歳の男でも子供に見えるのは当たり前で、それは口に出

したらいけないのだ。日本では特にそういう傾向があり、歳をとっていれば偉いことになってしまっている。

あなたが、人生において「勝負をしたい」と思っているなら、まず、親と距離を置かなければいけない。一緒に暮らしていてもダメ。親が健康なら、実家にほっておいて、あなたはあなたが立派な男になるために、あなただけの信念で世の中と向き合わないとダメだ。うるさい親とは闘わないといけない。

親と一緒にいても、親の意見ばかりを聞いていても、あなたは、本物の男になれないのだ。

親孝行とは、あなたが一人前の男になることである。

「潔しとしない」精神も必要である

人は誰でも死ぬのだから、死に方を選ぶ権利があると思っている（殺されることを除く）。大食漢で、どうしようもないデブは、糖尿病や心臓病で死ぬことを選んでいるわけで、不運にも癌になった人にも、最後に病院のベッドで死ぬか、自宅で死ぬか、それくらい選べる権利があると思っている。

だから、自殺した人は、自殺することを選んだわけだ。不況で失業したことが原因で自殺すれば、確かにそれは哀しいし可哀想だが、自殺に逃げることが出来たのだから、言葉も遺せない急死よりも、ある意味幸せなのかもしれない。死ぬことも出来ずに、罵声を浴びながら生きていく男もいるのだ。

自殺したくなければ、女を作ることだ。しかも、女らしい、いい女だ。

今の時代、不況で自殺者が増えたのだと解釈されているが、私はそうは思っていない。女が、女らしさを捨てた（冷たくなった）から自殺者が増えたのだ。

女が、戦いに疲れた男を癒すことが出来ないのだ。それでは、女の価値が何もなくなる。

男は、戦い、つまり勝負しては敗れ、また勝負しては敗れ、を繰り返して生きていく。それは古来から決まっていたことで、女はジャンヌ・ダルクのような特別な人間を除いては、男を支えるのが役目だった。

どうやって男を助けていたのかと言うと、はっきり言ってセックスでである。死ぬことよりも、ずっと楽しくて気持ちいいセックスで、男を危機から守ってきた。ところが、今の時代、セックスが乱れてきて、女の貞操も軽くなってしまった。男を救うためのセックスではなく、男を食うためのセックスだけになってしまった。そのため、男にとっての愛のこもった最高のセックスをしてくれる女が減ってきたのだ。だから、自殺者が増えたのである。

風俗店がいい例だ。

昔の風俗嬢は男を癒していた。政治の話や戦争の話をする男たちを嫌がらなかった。安保闘争の頃には、男たちのその話に女たちはうっとりしていた。

ところが、今は風俗店で働く女も、戦地（仕事）に行く男たちを癒す感覚などまるでなく、単に金だけのために男を騙しているのだ。仕事の重い話をキャバクラでしても嫌われるだけで、まったくストレス発散にならない。しかも、お金を騙し取ることを考えている女ばかりなのだから、風俗店に行って癒されることはなく、逆に死にたくなってしまう。

もう、風俗店は駆除しないといけない時代になっている。歌舞伎町も終わりである。だが、今でも探せば、自分のセックスをいい男に捧げようと考えている女に会える。その女とのセックスが楽しければ、自殺しようなんて思わない。もう一回、セックスしようと思うだけだ。

妻とのセックスが疎遠になったら、愛人を作って何の問題もないのだ。不倫が悪徳だなんて全体主義を気にしていたら、男は何の勝負も出来ない。復活も出来ない。妻が、浮気したと喚（わめ）けば、別れればいい。セックスもまともに出来ない女房なんかいない方が楽だ。

もはや、自殺率の増加を食い止めるには、男が女に対して強気になり、女らしさを放棄したフェミニスト女を駆除していくしかない。

自殺をしようと思う前に、最後の力を振り絞り、女を探す旅に出ないか。

私もそうだ。自殺しようと思ったことがある。何度もある。

誹謗中傷や持病（特にこれが辛い）、数々のプレッシャーに疲れきっている。だから、女を探して探して探し続けている。追いかけているのではなく、探しているのだ。

そして、偶然にいい女と出会い、最高に楽しいセックスをした時に、「自殺するなんてもったいない」と思うものだ。

こんなに楽しいことがあるのに、なんで自殺しないといけないのか、と。

あなたが死にたいと思うのは、愛と優しさを持った女と楽しいセックスをしていないからである。

あなたには守るべきものがあるか

死に関して楽観主義の男はどう考えているのだろう。私は、かなり慎重なタイプだ。
「明日は我が身」
という言葉があるように、何か大きな犯罪が起こったら、「次は自分かもしれない」とかまえる。そういう人間は実は少数派で、人は「自分は大丈夫」と思い込みながら生きている、わりとお気楽な生き物なのである。

飛行機が墜落しても、自分が乗る飛行機は絶対に墜落しないと思っている。どこかの街で殺人事件が起きても、自分の街は大丈夫だと思う。少なくとも、自分の近所では起こらない、自分の家には殺人鬼は侵入してこないと思っている。

所詮は他人事。強烈なナルシシズムは人を楽観的にさせる。

私は、そういう人間は基本的に弱いと思っている。一見するとプラス思考のように見えるが、裏を返せば何も考えていないわけで、備えもなければ憂いもない、何もやっていない人間なのである。

私事で話を進めるが、私は誰かが殺されたら、その痛みを自分に重ね合わせる。ちょっと前の話だが、香田証生さんがイラクで首を切られて殺された時も、彼の痛み、哀しみ、屈辱を感じ、それを怒りに変え、ホームページにエッセイを書いたものだ。人の死を軽く見ている人間は、「殺されて当たり前」と中傷をしていたようだが、人間にとって、もっとも重要な死に対する無礼は、人を大きくさせない。

最近は凶悪犯罪が多く、警察もボンクラだから、「自分の身は自分で守る」という風潮も出てきた。だが、凶悪犯罪は絶えず、被害者たちは特に自己防衛をしている様子はない。というか、殺人犯も頭がよくなってきて、自己防衛していない人間を見つけるのが上手なのだろう。

だから、徹底的に自己防衛しないといけないのだが、周囲を見る限り、まだ楽観している人が多い。それでは勝てない。殺されて負けるだけだ。死後の世界があるかどうかは誰にもわからないから、ここでは、死後の世界はなく、死は「無」になると仮定して話を進める。早世は負けを意味するのだ。

殺人鬼が怖ければ、警備会社に防犯装置を付けてもらえばいい。癌が怖ければ、癌になる食事は控えたらいい。どんな車でも事故に遭うので交通事故死が怖ければ、古い車や小さな車に乗らないことだ。

太く短く生きるのがもっともカッコいいし、私もそんな生き方が好きだ。だが、志半ばで死んではそれは完敗なのである。勝つためには死なないことだ。

そのためにあなたがしなければならないことは、他人の死の痛み、哀しみを感じ取ること。そして、その人の分まで生きようと決意し、頑張ることだ。

私は、臆病者と言われることがあるが、死ぬのを避けていることを臆病と言われても困るのである。死ぬのは誰でも嫌なのだから。

家は、阪神大震災の時に一戸も倒壊しなかった積水ハウスに頼んだ。2ちゃんねるで誹謗中傷されているので、警備会社のセコムと相談し、防犯装置を家中に装備した。大病をしないために、食事は野菜と魚中心で、運動も欠かさない。身長が一七四センチで体重が五四キロ。重いカメラ機材を持って階段をのぼっても息切れしない。車は、最新型の外車に乗ることにしている。安心感は国産車の比ではない。飛行機に関してはどうにもならないが、海外のローカル線は避けようと思っている。

ここまで慎重な男は本当に臆病に見えるかもしれないが、私が守っているのは自分の命だけではないので、その辺も加味して読んで欲しい。そう、家族の命もあるし、たまたま一緒に車に乗った友達の命もある。私はそこまで考えて生きている。たぶん、その気持ちは相手に伝わり、愛や感謝という力を貰い受けているはずだ。

先ほど、死後の世界はないと書いたが、ひょっとすると生ける者だけではなく、死者からも私はエネルギーを貰っているかもしれない。

生きるということは、怠惰な生活を送ることではない。自分だけが死なないために生きるのでもない。

皆と一緒に、強く生き続けることである。

死んだ者は二度と帰ってこないこと、残された者は哀しいこと、死んだ者はもっと哀しいこと。

日本は、もう一度、死について勉強をし直さないといけない。

たとえば食事——男を磨く方法

成功している男というのは、食事に対する信念がきちんとしているわけです。言っておくが、「成功」と言うのは、単にお金を持っている、という意味ではない。自分が若い頃から夢に見ていた目標を掴み、その仕事に打ち込んでいる男のことを言うのだ。

成功している男やオーラのある男、そして人から尊敬されている男には食事に関するある共通点がある。

「バカがいるところでは食べない」

というところだ。

バカとは何か、という議論になりそうだが、ここで言うバカは、無神経なおばさん、悪ガキ、ヤクザみたいな男だろうか。

例えば、ファミリーレストランでも、紳士淑女が集まっていれば、何の問題もない。吉野家だってそうだし、マクドナルドだってそうだ。

だが、ああいう大衆レストランは決まって、バカがいる。いっぱいいる。おばさんは大声で喋り続け、煙草の煙を人に向かって吹く。子供は叫んで走り回って、親は注意しない。チンピラみたいな男は、ふんぞり返って座っていて、相手を罵倒している。女子高生は行儀が悪く、下着が丸見えである。

バカの空間だと思いませんか。

私は、仕事の相手から、打ち合わせ場所にそうしたレストランを指定されると、著しく気分を悪くするのだが、皆、あまり気にしていないようだ。そんな場所を指定してくる人間自体、やはり一流とは言えない。

私は、貧乏人を軽蔑しているところがある。とはいえ、私自身が金持ちというわけではなく、お金が少ないなりに努力している。人に迷惑をかけないように頑張っている。つまり、貧乏でも、マナーを守り、一生懸命頑張っている人間は軽蔑していない。私がそうだからだ。

だが、貧乏人の大半はそうじゃない。卑屈になっているタイプとあきらめているタイプといるが、両者とも、人の迷惑は考えない。自分のことで精一杯なのか、他人のこと、環境のこと、何もかも知らんぷりだ。もう一度言うが、貧乏でも、そうじゃない人間は軽蔑しない。だが、その数は圧倒的に少ない。

貧乏が集まる物価の安い場所は、人に迷惑をかけているバカたちでごった返している。場外馬券場がいい例だ。千円単位でしか買えない場外馬券場はゴミがなく、喧騒もない。

だが、百円単位の場外馬券場はゴミだらけで、喧嘩が絶えず、煙草の煙は充満している。食べる場所も同じなのだ。結局、食べ物が安いからダメだという結論になってしまう。ハンバーガーの肉が悪いとか、アメリカ牛が危ないとか、そういう問題もこれまで他の本でも語ってきたが、私が憎んでいるのは食べ物ではなく、その食べ物に群がっている人間だと最近になってわかった。

ホテルの高級レストランにも、金だけ持っていて、マナーも知らないバカはいる。だが、絶対数は少ない。パークハイアットのレストランで子供が走り回っていることはないし、ヤクザがふんぞり返っていることもない。たまに、騒がしいおばさんがいて、迷惑だったら、こちらがホテルマンに言えば注意してくれる。そんなことは、ファミレスでは通用しない。

人間は周囲と同化してしまう生き物だ。どんなに一流の人間でも、女子高生がパンツ丸出しで座っているマクドナルドでハンバーガーを食べていたら、その一流の人間は、その瞬間は、女子高生と同じレベルになる、あるいは同じレベルと見なされる。

あなたがどんなに自分が賢いと思っていても、ファミレスで、無神経なおばさんと一緒に食事をしていたら、その小世界の一員なのだ。

わかるだろうか。だから、私はそういうレストランはなるべく避けて生きている。

出版社との打ち合わせで、私は自分の町に編集者を呼んだことがない。家の近所には、ファミレスしかないからだ。決まって私が都内のホテルまで足を運ぶか、少し離れた大宮駅にあるホテルにする。それは私のこだわりであり、私は自分を常に、一流の世界に置いておきたいのだ。

私の本は、出した本がほとんど増刷になるという幸運に恵まれている。文章が読みやすいとか、いろいろ言われているが、打ち合わせから私の本作りは始まっていて、勝負はある意味、そこで決まっているのだ。

食欲は人間にとって、一番大事な欲求だ。生まれた赤ん坊は、最初に母親のおっぱいを欲しがるのだ。

なのに、食事に対する信念がなく、食事を三流の人間（バカ）と一緒にしていては、何にも勝つことは出来ない。その三流の人間と同化したままで、一生を終えてしまうだろう。

「バカの空間」で食事をしては絶対にいけない。

どん底の気分に陥った時はどうする?

勝負に失敗すると、人間、気持ちが落ち込む。

すると、ストレスが発生し体力も奪われてしまう。

だから動けなくなる。

五月病や鬱病の初期症状だ。

ストレスで体を壊すことほど、損なことはない。周囲からは、「気のせいだ」とバカにされ、「どこも悪くないのにサボっている」と軽蔑される。病院の精神科には行きにくく、ますます病気は悪化する。最悪、本当に鬱病になってしまうし、自殺する人間もいる。

自分の体を蝕むような仕事や人付き合いは投げ出していい。

人は健康が一番大切なのだ。

お爺ちゃんもお婆ちゃんも必ずそう言う。

あなたをどん底にさせる仕事は、あなたに合わないんだ。そんな仕事は辞めて、違う仕事に就いた方がいい。体さえ健康ならどんな仕事でも出来るし、健康であれば勝負も出来る。

病気をしていては何も出来ないんだ。

趣味に逃げるのもよくない。趣味は日常だから、突然どん底に陥ったあなたを救うことはない。本当に、どん底を経験した人ならわかることだが、そんな時は趣味なんかやってられないのだ。趣味は生活を愉快にしてくれるが、あまり新しいものを生まない。

怠惰な時間を過ごすのも厳禁。パチンコなんか、死んでもやってはいけない。負けたら、ますます落ち込み、時間の無駄遣いに呆然となる。どうしても体が動かない場合、薬を飲んで熟睡することを勧める。熟睡は体にいい。ストレスもある程度はなくなるだろう。

さて、ここまではよくある話なので、面白くないと思う。

里中的どん底から元気になる方法を伝授しよう。

強烈な精力剤を飲むのである（脱法ハーブはダメ）。

男は勃起力が強ければ強いほど、行動力が出てくる。

女とセックスがしたいと思うだけではなく、力が漲ってくるのだ。

どん底にいても、射精したいほど下半身が熱くなっていたら、少なくとも街に出る。街を歩いている女たちは、皆、綺麗に見えて、誰でも抱けそうな気持ちになる。そして、本当に女とセックスが出来れば気分はよくなるだろう。その後、すぐにまた精力剤を飲むのがいい。それを繰り返していたら、嫌なことも忘れられるだろう。

実は、ムイラプアマ、エレウテロコックなど、有名な滋養強壮生薬には、抗ストレス作用があり、鬱病や神経症を治した臨床結果が報告されている。

男たちは古来から、無限の精力を求めて、アマゾンの奥地などに奇跡の生薬を探しに行ったった。

それはセックスのためだけではないのだ。精力をつけることによって、精神的にも強くなれるのである。「俺はやるぞ」という気になるのだ。

男が女よりも攻撃的で強いのは、ペニスの勃起があり、射精があるからだと知って欲しい。

だからこそ、ペニスの勃起、精力には力を入れて欲しい。

三十歳くらいになって、若い頃よりも精力が落ち、「俺はもうダメだ」なんて言っているようでは、本当にダメになってしまう。

疲れた時、気分が滅入った時は、少々高価でも、精力がつくドリンク剤を飲むことをお勧めしたい。

「私はとことん自分を信じる！」

私は、「愛」というものが男と女の間にあるものかどうか疑っている男で、「愛している」という言葉を発している自分が、地に足が着いていない子供のように感じる。

女は感性の生き物で、心の生き物ではない。

刺激を与えられて喜ぶ生き物であって、何もない牢屋の中で芸術を生み出すことは出来ない。

あなたがどんどん勝利していく刺激を楽しみながら、一緒にはしゃいでいるだけという場合が多い。

「女に感謝しろ」

と大きな声で言えないのは、そのためである。

愛はとにかく冷めやすい。

あなたの努力を支えてきたのが女なら、真っ先に女に感謝すべきであろう。

勝ったか負けたかは死ぬ時に自分で判断するとして、勝ったと思ったなら、女に、

「おまえのおかげで人生に勝つことが出来た。感謝している」

と言葉を遺すのがいいだろう。

私はたぶん、

「おまえのおかげで人生が楽しかった。ありがとう」

と言うだろうが……。

私が信じているものは、女ではない。自分だ。

自分の努力と才能を信じている。

だから、勝ったら自分を褒めるし、自分の才能に感謝する。女に、

「ありがとう。君のおかげだよ」

とは言わないのだ。女にしてみれば、悲しい話だが、日本語は微妙で、私にしてみれば、「君のおかげで楽しかった」という言葉はとても重いから、それで許して欲しい。

冒頭に話を戻すが、愛が確実に存在するのは「親子」だと思っている。血の繋がり

があるからだ。

血の繋がりは、「心」である。

子供は、親から楽しい刺激を受けなくても、親を愛しい親として見ている。

昔、栃木県で、幼い兄弟が同居していた父親の後輩に殺された事件では、兄弟の優しく、しかしとても寂しそうな笑顔の写真が公開された。母親は離婚していなく、父親は覚せい剤をやっていたどうしようもない親のもとに生まれた兄弟だったが、あの優しい目できっと父親を見ていたのだろう。

それを「心」の繋がりというのだ。他人である男と女にはないものである。

子供のために働いている人もいよう。それで成功したら、子供に感謝するのだ。

「息子よ。ありがとう」

と。

「おまえのおかげで、お父さんは強くなれた。闘うことが出来た。おまえの父親になることが出来た」

嗚呼。日本の父親は何処に行くのだろうか。

勝者は感謝する者を見失い、刺激が降り注ぐ街は、少女たちを狂わせてしまった。

私はいつか言えるのだろうか。

「ありがとう。おまえのおかげで勝つことが出来た」

と。その女は、素裸で箱の中から出てきた少女のような女で、

「何もいらないから」

とだけ言うのである。

私はその女を抱きしめて、世の中のすべてに勝ったような錯覚に興奮するのである。

自分に「嘘」をつく男は、弱い

仕事は、好きだけでは出来ない。

その仕事の才能がないと出来ないのだ。

あなたはきっと子供の頃に、「この職業に就きたい」と思い、今、その仕事をしているか、その仕事に近い仕事をしているか、その仕事を目指していると思う。

だが、その仕事は「好き」だけでは出来ないことを肝に銘じて欲しい。

才能が不可欠なのだ。

仕事を成功させている男は、その仕事が好きな上に、その仕事の才能があるのである。二つの条件を完全に満たしている。

才能のあるなしは、周囲の人が知らせてくれる。

作家を目指しているとしよう。ならば、プロの作家の先生に文章を見てもらえばいいのだ。私もそうだった。三十歳くらいまで、一度もプロの先生に文章を見てもらってなかった。だから、才能があるのかないのかわからなかった。それは怖かったし、焦燥になった。だが、あるきっかけで、有名な脚本家の先生（故人）に小説とエッセイを読んでもらった。すると、その先生は、

「運がよければ作家になれるし、文学賞も取れる。頑張りなさい」

と言ってくれたのだ。私はそう言われて自信が付き、数年後にはデビュー作の競馬本を上梓していた。

あなたが建築設計士になりたければそのプロに、デザイナーになりたければそのプロに見てもらえばいい。

プロ野球の一軍の選手と二軍の選手は、どこに差があるのだろうか、とよく考える。運もあるかもしれないが、きっと一軍の選手は、野球が好きな上に才能もあって、二軍の選手は野球が好きなだけだと思う。

人生は一度しかない。

間違っても、嫌いな上に、給料も安い仕事はしてはいけない。今の時代は確かに厳しく、仕事なんか選んでいられないが、それは四十歳を過ぎた人の話であり、まだ若

いあなたには仕事を選ぶ権利がある。フリーターでもいいから、勝負に勝つためには、まず好きな仕事に着手すること。それを周囲から認められたら、才能もあると思い、無心で前進することだ。

私は作家になるまで、もう、ボロボロだった。

親からは、「早く定職に就け」と泣かれ、友達からは、「社会に甘えている」と罵倒され、女からは、「女の子を食べさせられないでしょ」と嘲笑され、ストレスで体は悲鳴を上げていた。

だけど、「人生は一度しかない」「俺には文章を書く才能があるし、自分の書いた文章を読むのが好きなんだ」といつも思っていた。そう、私は自分が書いた文章を読み直すのが大好きなのだ。ホームページにエッセイを載せる。それを時々、自分で読み返して、「この男、面白いことを書いてるなあ」と自画自賛しているのである。

だから、私は作家デビューするまでは地獄を味わってきたが、今はとても幸せだ。

皆さんも、私のようになって欲しい。

「美しい人生教訓」を疑え

偉い人の話や人生を立派に生きている人の話は、とてもためになる。

年長者の意見は、あなたを一回り大きな人間にするだろう。

だが、価値観がまったく違う人の話は、たとえ、その人が一国の大統領でも聞いたらいけない。

特に、道徳的な人間は、自由奔放に生きようとする男、あるいは個性的に生きようとする男を激しく攻撃する。

どうしても、妻と離婚したいとしよう。離婚しないと、人生がどん底になってしまうほど妻が悪妻だったとする。しかし、立派な人はこう言う。

「あなたが選んだ妻。最後まで一緒にいないといけない。子供のことは考えてないのか。子供に罪はないではないか」

と。こう言われては、返す言葉が何もなくなる。正直、卑怯な説法である。子供のことを持ち出されたら、何も言い返せない。対峙する前から、「子供」という弱みを握られている討論である。勝ち目はない。

世の中で一番正しいのは道徳である。道徳は大衆の全体主義であり、味方が多い。だから、道徳主義者は常に勝利を収める。道徳主義者はそれを知っているから、あなたがどんなに苦しんでいても、道徳的な言葉であなたを正そうとする。しかし、道徳的な生き方では解決出来ない状況だから、不道徳に走るのであって、子供に罪はなくても、悪妻と一緒にいてはストレスで病気になってしまうなら、離婚も止むなしなのである。だけど、道徳主義者は、あなたが病気で倒れても、あなたを責めるだろう。

あなたに悩み事があるとしよう。

その悩みは、親に打ち明けると、

「バカなことを言うんじゃない」

と叱られ、友達に打ち明けると、

「おまえ、どうしちまったんだ」

と呆れられてしまうような悩みである。

あなたはすがるような思いで、売れている本を読む。著者は、素晴らしい経歴があったり、ベストセラーの書を出している啓蒙者である。

だが、そこには、あなたがしようとしていることを責める文章が書かれてあるもので、結局、あなたは打ちひしがれてこう思う。

「親も、友人も、本も、俺をダメだと言う。我慢しよう」

と。

それは大きな間違いだ。

あなたがやろうとしていることは、あなたが自分を守ろうとしていることなのだ。我慢して、ストレスを溜めて、早死にするように勧めている本なんか、無視すればいい。

例えばこうだ。

「人妻に恋をしてしまった。どうしてもあきらめられない」

立派な人たちはこう言うだろう。

「人のものに手を出したらいけない」

と。だが、私は違う。

「奪え」

と言う。悪いのは、あなたではなく、奪われた相手の男なのだ。男と男の戦いで、女を奪われた方が負けなのである。

「ソープランド通いがやめられない。売春はいけないと思うが、彼女もいない」

という話では、

「女性をお金で買う行為は、女性差別に繋がる。彼女たちも傷つきながら、ソープに勤めている。あなたが買うから、売春はなくならない」

と回答されるかもしれない。

だが、私なら、

「(この国では)女も仕事だと思って、自分の意志でやっているんだから、女性差別じゃない。金で買える女は買えばいい。自分の手でやるよりはまし」

と答えるだろう。

道徳的に、そして立派に生きてきた人たちは、確かに偉い。中には、その分野の大先生もいるだろう。

きっと、子供はきちんと育て、浮気もせず、離婚もせず、仕事も成功させている。

女性差別なんかもせず、セックスもしている。

完璧である。私には、とてもじゃないが出来ないことだ。何しろ、私は貞操観念のないバカな女は差別しているし、仕事の出来ないダメな男は軽蔑しているからだ。それのどこがいけないのか。

完璧な人生教訓を読んでも意味がない。

完璧ではないあなたとは、無関係だからだ。

「理不尽なこと」には、もっと怒れ

この国は戦争のない国だが、精神的な戦争が男には必要だ。

例えば、中国。

あんなに傲慢な国は世界に二つとないだろう。

日本に対しての一方的な要求は、いったい何のつもりなのか。皆さんはシリアスに考えたことがあるだろうか。

昔、日本が侵略したかららしいが、日本がアメリカに対して内政干渉をしているだろうか。しかし、中国の日本に対する命令は常軌を逸している。

日本にだけ「シナと呼ぶな」と言う。

アメリカが「チャイナ」と呼んでいることは黙っているくせに、だ。

自分たちは戦争が大好きである。核も保有している。だが、日本は平和的憲法を絶対に改正するな、と口やかましく言う。
「靖国神社に参拝するな」
は、女のヒステリーみたいにうるさい。国のために戦死した者の霊を弔わない国はない。靖国神社に行かなければ、日本は戦争で死んだ者を無視する国になってしまう。なのに、それをやめろと命令してくる。命令なのだ。

昭和という言葉が付いた企業に、「昭和」を取れ、とまで言ってきたらしい。昭和という言葉自体をなくせと言う。

尖閣の問題もそうだ。何様のつもりか知らないが、私はいつでも中国と戦争をする心の準備が出来ている。

傲慢な内政干渉。日本を属国にしたいのは明白で、「日本なんか、うちの核で皆殺しに出来る」と嘯いている。モンゴルでは、モンゴル語が消滅の危機らしい。中国の圧力のせいだ。日本に対してもそのうち、「古くからある日本語は使うな」と言ってくるだろう。

自分たちは内戦、内乱、闘争で、何千万人という人を死なせてきたのに、自国は「世界の真ん中にある最高の国だ」と掲げ、平和な日本を見下す。他国の信仰に文句を付ける国がどこにあるのか。アメリカがテロリストの宗教を否定するならわかる。戦争中だからだ。

だが、日本と中国の戦争はとうの昔に終わっている。ところが中国は他の国の宗教や教科書、果ては司法にまで文句を言う。まさしく宗主国である。まだ、奴らは日本と戦争をしているつもりなのだ。その証拠にサッカーを見ればわかる。日本人を殺してやるという雰囲気で、競技場は埋め尽くされる。

中国は、インド、ベトナム、ソ連等と十数回も戦争をし、世界革命を掲げてきた。アジア諸国に対する中国の横暴は止まらない。

日本は戦争をしない国だからと言って、アメリカや中国の横暴を見て見ぬふりでは、男の中に眠るテロリズム性（闘う気持ち）が呼び起こされない。だから、今の時代の男たちはダメなのだ。

社会と闘えないから、どんな勝負にも弱い。

仕事にも弱ければ、女にも弱い。

テレビニュースに向かって怒鳴るくらいじゃないとダメだ。

そういう世の中の怠慢や理不尽、傲慢などと常に闘っていないといけない。

そうしないと、男の男たる本能が萎えてしまうのだ。少々、怒りっぽい、と女に言われてもかまわないじゃないか。

「優しい男」でいることだけが、男のすべてではない。

男が闘う時に、女に媚びる必要も気を遣う必要もまったくないのだ。

あなたが勝負弱いのは「怒り」をなくしたからだ。

たった一度の人生を後悔しないために

私の耳には、フリーターの男たちの話がよく入ってくる。

「やりたいことが見つからない」

と彼らは言う。

二十五歳にもなろうかという男が、やりたいことが見つからないか。

では、二十五歳まで、その人たちは何を考え、何を悩み生きてきたのか、という疑問にぶち当たる。かなりひどい角度で衝突して、エアバッグも役に立たず、頭が吹き飛んで思考不能になる。

まともな男子だったら、もう、中学生くらいで、自分の目標を見つけられる。そんなまともな男子が激減し、ニート、フリーターは増殖。その理由を「不況だから仕事がない」と、彼らは社会のせいにする。

男は、あきらかな作為があり、騙された時以外は、人のせいにしたらいけない。

日本は、あなたを騙してはいない。

「不況だ」とテレビで言っている。

あなたが社会に出てきた時に、もう「不況」は決定していた。

リストラも、青天の霹靂（へきれき）のように訪れるのではなく、ブームである。予測可能なのだ。なのに、それを予測していないのか、リストラされたら、会社のせいにする。

私は常に予測している。自分の本が売れなくなった時のことを。そんなことは簡単に出来る想像だ。一部の超人気作家以外の本は、ほとんど売れないのが出版界の現状である。私は自己啓発本のベストセラーしかないし、伊集院静みたいにテレビに出ていないし（オファーがあれば出るよ）、もう競馬の仕事は受けないから、私の未来は決して平坦ではない。本が売れなくなって、出版社から、

「君の本は年に一冊でいいよ」

と言われる日もそう遠くはないだろう。

だが、勝負は出来る。その、年に一冊で勝負出来るではないか。

出版社がほとんど潰れて、超人気作家以外は皆、廃業になるわけではないのだ。た

まには仕事が来る。

あなたの場合も同じだ。不況でも、すべての仕事が消え去ったわけではない。むしろ、日本にはあらゆるジャンルの仕事が溢れている。

夢を持つことを許される環境は揃いすぎている。戦争もしていないから、韓国のように徴兵制度もない。

なのに、「やりたいことが見つからない」?

冗談も休み休み言って欲しい。

日本という国は、バブルを経験してから甘えが蔓延している。

労せずして儲かった時代があったから、その幻想を追いかけている。しかし、その時代に「勝負」はなかったのをご存知か。

楽勝、あるいは引き分けばかりで勝負はなかったのだ。どんな会社に入社しても給料は高い。株を買えば上がる。嫌だと思ったら仕事を辞めて、フリーターになっても高額のバイトがある。病気の人を除いては、世の中のどこを見ても、「負け」が見当たらなかった。それに慣れてしまった男たちはバブルを崩壊させ、甘えた男の子たちを作ってしまった。

だが、今は勝負出来る時代だ。

まわりくどい言い方をしたが、就職は楽ではないが仕事のジャンルが減ったわけではない。

わかるだろうか。

特に手に職を持つ、特殊な職種は一発逆転の魅力に溢れている。

日本は今、仕事をする上で最高にスリリングで、しかも戦争がないから安心して勝負出来る。失敗しても戦場に行かされるわけでもなく、飢え死にするわけでもなく、また勝負出来るではないか。

私は実はフリーターをしていた時期があった。

しかし、「作家になりたい」という目標のあるフリーターだったのだ。そして、バブル崩壊後に勝負をかけた。

周囲から文章の才能を褒められ、人に語れる経験を積んだ年に、一気に出版社を巡った。そして、ある出版社にライターとして採用され、それから独立し、今日に至っている。

勝負に勝ったその快楽を、あなたにも知ってもらいたい。

人生がバラ色に変わり、自分に自信が持てるようになる。オーラが出ているのか、途端に女にもてるようになった。前述したように、もし売れなくなっても、「もう一度勝負してやる」という強い気持ちが持てるようになる。一度、勝負に勝っているからだ。なのに、「やりたいことが見つからない」と、勝負も何もしていないようでは話にならない。

日本は勝負しやすい国だ。

こんなに平和で、勝負に遊べる国も珍しい。アメリカンドリームならぬ、ジャパニーズドリームを掴んで欲しい。

（了）

本書は、小社より刊行した同名の文庫本を再編集したものです。

「いい人（ひと）」は成功者（せいこうしゃ）になれない！

著　者――里中李生（さとなか・りしょう）
発行者――押鐘太陽
発行所――株式会社三笠書房
〒102-0072 東京都千代田区飯田橋3-3-1
電話：(03)5226-5734（営業部）
　　：(03)5226-5731（編集部）
http://www.mikasashobo.co.jp
印　刷――誠宏印刷
製　本――若林製本工場

編集責任者　迫　猛
ISBN978-4-8379-2489-0 C0030

三笠書房

働き方
「なぜ働くのか」「いかに働くのか」

稲盛和夫

人生において価値あるものを手に入れる法！

◎成功に至るための「実学」
――「最高の働き方」とは？

■昨日より「一歩だけ前へ出る」■感性的な悩みをしない■「渦の中心」で仕事をする■願望を「潜在意識」に浸透させる■仕事に「恋をする」■能力を未来進行形で考える

渋沢栄一「論語」の読み方

渋沢栄一 原著
竹内均 編・解説

〝人生の算盤〟は孔子に学べ

『論語』がここまで面白かったとは！ 単なる古典ではない。徹底した実学の書、それが「渋沢論語」だ！ 人生への取り組み方、長所を磨き育てる工夫、そしていい人間関係の築き方など、読むたびに新たな発見がある！

仕事ができる社員、できない社員

吉越浩一郎

あなたは「必要な2割の人」か
「その他大勢の8割」か？

トリンプを19期連続増収増益に導いたビジネスリーダーが明かす「仕事を変える」具体策！ 考え方、能力、習慣、性格……できる人とできない人はどこがどう違うのか？ どうすればもっといい仕事ができるのか？ 経営者から若手ビジネスマンまで必読の書！

T30078